ELOGIOS PAR~ ~~ ~~~~~~~ ~~~
REVOLUCIONA AL MUNDO

"Como de costumbre, mi amigo Albert Mohler nos ofrece una reflexión inteligente y reveladora acerca de la magnífica oración que Jesús mismo nos enseñó, una oración que utiliza la cristiandad entera y que nos recuerda que todos somos 'mendigos en el trono de gracia'".

—Robert P. George, profesor McCormick de Jurisprudencia, Universidad de Princeton

"Si deseas aprender a orar bíblicamente, no hay mejor punto de partida que el Padrenuestro. Y pocas guías entienden mejor el Padrenuestro que este espléndido volumen. ¡Lo recomiendo encarecidamente!".

—Andreas J. Köstenberger, fundador de Biblical Foundations™ (www.biblical foundations.org) y catedrático especializado en investigación del Nuevo Testamento y Teología Bíblica, Southeastern Baptist Theological Seminary

"El Padrenuestro es uno de mis pasajes predilectos de las Escrituras. Albert Mohler es uno de mis escritores favoritos. Este libro es la combinación perfecta, y trae bendición y aliento a todos los que visitan sus páginas".

—Daniel L. Akin, presidente, Southeastern Baptist Theological Seminary, Wake Forest, Carolina del Norte

"Hace falta hoy una revolución en la oración en la iglesia estadounidense. Cada lector de este libro emocionante y sólido puede experimentar la fe y la esperanza al descubrir cómo la oración revoluciona al mundo. Ha sucedido antes, y puede suceder de nuevo. ¡Que la fe se levante!".

—Doctor Ronnie Floyd, presidente, National
Day of Prayer; pastor principal, Cross Church

"Jesús enseñó a sus discípulos a orar. Albert Mohler me ayuda a indagar el profundo significado de las verdades gloriosas que Jesús enseñó. Este libro ofrece esclarecimiento y aliento para la vida".

—Doctor Johnny Hunt, pastor principal de
FBC Woodstock; antiguo presidente de la
Convención Bautista del Sur

"Un presidente de seminario que escribe un libro sobre la oración. ¡Qué original! Sin embargo, este libro no habla acerca de cualquier oración. Es un libro acerca de la oración modelo de nuestro Señor. Y lo ha escrito uno de los más fervientes practicantes de la oración que cree que las iglesias y los seminarios son transformados radicalmente por la práctica de la oración ferviente. Si buscas una guía para la fructificación futura, compra este libro. Si deseas recibir las bendiciones de nuestro Dios, léelo y ponlo en práctica".

—Paige Patterson, presidente, Southwestern
Baptist Theological Seminary, Fort Worth,
Texas

"Para los ateos fuera de su trinchera, la oración carece de sentido. Para los religiosos es un acto litúrgico o una devoción privada. Sin embargo, en este fascinante estudio del Padrenuestro, Al Mohler muestra cuán revolucionaria puede ser la oración genuina y radical que se centra en el evangelio. ¡Altamente recomendado!".

—Timothy George, decano fundador de la
Beeson Divinity School, Universidad de
Samford; editor general del *Reformation
Commentary on Scripture*

"Albert Mohler explica de manera hermosa y brillante el significado bíblico y la profundidad teológica del Padrenuestro a los creyentes del siglo XXI. Brinda lúcidas reflexiones acerca del significado y la importancia de la oración según lo revelan las Escrituras, la teología y la historia de la iglesia. Este libro ameno y accesible invita a los lectores a reconsiderar la conexión y la relación entre las oraciones fieles, la alabanza enfocada en el reino, la gloria de Dios y el evangelio de la gracia. Los líderes de las iglesias y los laicos por igual se sentirán animados y desafiados en su comprensión de la oración, la devoción bíblica y la adoración con un sólido fundamento teológico. ¡Altamente recomendado!".

—David S. Dockery, presidente, Trinity
International University, Trinity Evangelical
Divinity School

LA ORACIÓN QUE REVOLUCIONA AL MUNDO

EL PADRENUESTRO COMO UN MANIFIESTO TRANSFORMADOR

R. ALBERT MOHLER JR.

**Libros de R. Albert Mohler Jr.
publicados por Portavoz:**

*La oración que revoluciona al mundo:
El Padrenuestro como un manifiesto transformador*

*Proclame la verdad: Predique en
un mundo postmoderno*

LA ORACIÓN QUE REVOLUCIONA AL MUNDO

EL PADRENUESTRO COMO UN MANIFIESTO TRANSFORMADOR

R. ALBERT MOHLER JR.

EDITORIAL
PORTAVOZ

La misión de *Editorial Portavoz* consiste en proporcionar productos de calidad —con integridad y excelencia—, desde una perspectiva bíblica y confiable, que animen a las personas a conocer y servir a Jesucristo.

Título del original: *The Prayer that Turns the World Upside Down*, © 2018 por Fidelitas Corporation, R. Albert Mohler Jr., LLC.

Edición en castellano: *La oración que revoluciona al mundo*, © 2019 por Editorial Portavoz, filial de Kregel Inc., Grand Rapids, Michigan 49505. Todos los derechos reservados. Publicado por acuerdo con Thomas Nelson, una división de HarperCollins Christian, Inc.

Traducción: Nohra Bernal

EDITORIAL PORTAVOZ
2450 Oak Industrial Drive NE
Grand Rapids, Michigan 49505 USA
Visítenos en: www.portavoz.com

ISBN 978-0-8254-5864-4 (rústica)
ISBN 978-0-8254-6753-0 (Kindle)
ISBN 978-0-8254-7574-0 (epub)

1 2 3 4 5 edición / año 25 24 23 22 21 20 19

Impreso en los Estados Unidos de América
Printed in the United States of America

Dedicado a
Benjamin Miller Barnes

Mi nieto que me inspira un gozo indecible. ¿Quién hubiera imaginado que un niñito podría cambiar totalmente mi forma de ver el mundo? Mi anhelo es que crezcas y te conviertas en un gran hombre de Dios, digno de tu nombre, un fiel seguidor de Cristo y una luz para tu generación.

Entre tanto, debes saber que tus padres están muy orgullosos de ti y que das a tus abuelos la dicha más grande. Te amo más de lo que jamás pensé que podría.

Tu abuelo

Mateo 6:5–13

Y cuando ores, no seas como los hipócritas; porque ellos aman el orar en pie en las sinagogas y en las esquinas de las calles, para ser vistos de los hombres; de cierto os digo que ya tienen su recompensa. Mas tú, cuando ores, entra en tu aposento, y cerrada la puerta, ora a tu Padre que está en secreto; y tu Padre que ve en lo secreto te recompensará en público.

Y orando, no uséis vanas repeticiones, como los gentiles, que piensan que por su palabrería serán oídos. No os hagáis, pues, semejantes a ellos; porque vuestro Padre sabe de qué cosas tenéis necesidad, antes que vosotros le pidáis. Vosotros, pues, oraréis así:

Padre nuestro que estás en los cielos,
santificado sea tu nombre.
Venga tu reino.
Hágase tu voluntad,
como en el cielo,
así también en la tierra.
El pan nuestro de cada día, dánoslo hoy.
Y perdónanos nuestras deudas,
como también nosotros perdonamos a nuestros
   deudores.
Y no nos metas en tentación,
mas líbranos del mal.

CONTENIDO

INTRODUCCIÓN

Todos anhelamos una revolución. Algo en nuestro interior grita que el mundo está horriblemente fracturado y que es preciso arreglarlo. Durante siglos, la palabra *revolución* se oyó muy poco, sepultada bajo siglos de opresión. La palabra misma inspiraba temor y hablar de ella se consideraba traición. Luego, parecía que casi por todas partes surgían revoluciones. Algunos historiadores han llegado a identificar nuestra época moderna como "la era de la revolución". ¿En realidad lo es? Tal vez sea más acertado referirse a nuestros tiempos como "la era de la revolución fallida". Lo que vemos por doquier es que muy pocas revoluciones producen lo que prometen. Podría decirse que la mayoría de revoluciones conducen a una serie de condiciones que resultan peores que las que reemplazaron.

Con todo, los seres humanos seguimos ansiando un cambio radical, ver que todo se arregla. Con razón anhelamos ver que la justicia y la verdad prevalezcan. De hecho, ansiamos con urgencia lo que ninguna revolución sobre la tierra puede producir. Anhelamos el reino de Dios, y a Jesús como Rey de reyes y Señor de señores. Buscamos un reino que no tiene fin y un Rey cuyo gobierno es perfecto.

Por eso los cristianos oran el Padrenuestro. Como veremos, esta es la oración misma que Jesús enseñó a sus propios discípulos. Los cristianos utilizan esta oración como una forma de aprender *cómo* orar y *qué* orar, como Jesús nos enseñó a hacerlo.

El Padrenuestro es la oración que revoluciona al mundo. ¿Buscas una revolución? No existe un llamado más claro que cuando oramos: "Venga *tu* reino. Hágase *tu* voluntad, como en el cielo, así también en la tierra". Sin embargo, es una revolución que solo Dios puede traer... y lo hará.

Esta breve oración le da un vuelco al mundo. Los principados y las potestades oyen su propia caída. Los dictadores reciben el dictamen de su inminente fin. En efecto, el poder será usado para bien, y prevalecerán la verdad y la justicia. Todos los reinos de este mundo pasarán y darán lugar al reino de nuestro Señor y de su Cristo.

Todo esto se condensa en una de las oraciones más cortas de la Biblia. El Padrenuestro se lee en menos de veinte segundos, pero hace falta toda una vida para aprenderlo. Tristemente, la mayoría de los cristianos la pasan a toda prisa sin asimilarla, pero eso es un error.

La desesperación lleva a la oración.

Tal vez esto sea parte de un problema más grande. Gary Millar, quien ha escrito algunos recursos sobre la oración que son de gran ayuda, afirma incluso que "la iglesia evangélica está lenta pero decididamente renunciando a la oración".[1] Esta afirmación es escandalosa, pero la verdad de su apreciación lo es todavía más. ¿Por qué los evangélicos están renunciando a la oración?

Millar sugiere que para la mayoría de evangélicos la vida es fácil, quizá demasiado. Algunos carecemos de la desesperación que la mayoría de los cristianos han experimentado a lo largo de la historia de la iglesia. La desesperación lleva a la oración.

---

1. Gary Millar, *Calling on the Name of the Lord: A Biblical Theology of Prayer*, New Studies in Biblical Theology, ed. D. A. Carson (Downers Grove, IL: InterVarsity Press/Apollos, 2016), p. 231.

También estamos increíblemente distraídos y ocupados, dos estados mentales que son incompatibles con la oración. Sin embargo, renunciar a la oración no es solo una señal de debilidad evangélica. También es desobediencia.

Jesús no solo enseñó a sus discípulos a orar, sino que nos ordenó hacerlo.

Creo que hay otra razón de peso detrás de la falta de oración de muchos cristianos. Simplemente muchos cristianos no saben cómo orar.

En el Padrenuestro, Jesús nos enseña a orar.

Recordemos a Martín Lutero como el gran reformador que en 1517 clavó sus famosas noventa y cinco tesis en la puerta de la iglesia del castillo en Wittenberg, Alemania, y lideró la reforma de la iglesia. Lo que usualmente pasamos por alto es que Martín Lutero también era un hombre que necesitaba frecuentes cortes de cabello. Deberíamos estar muy agradecidos de que así fuera.

Debemos aprender a orar y resistir las distracciones mientras oramos.

Peter Beskendorf, el peluquero de Lutero, le pidió una vez consejo acerca de cómo orar. Lutero respondió escribiendo instrucciones sobre la oración, a las que tituló "Una forma sencilla de orar, para el señor Peter, el peluquero".

Lutero guió al peluquero al Padrenuestro y le dio este gran consejo:

> Como buen peluquero diligente, debes mantener tus pensamientos, tus sentidos y tus ojos concentrados en el cabello y en las tijeras o en la cuchilla, y no olvidar dónde has cortado o afeitado, porque si quieres hablar mucho o distraerte con otras cosas, bien podrías cortar a alguien la nariz o la boca, e incluso su garganta.[2]

Podemos entender de inmediato lo que quiso decir Lutero. Debemos aprender a orar y resistir las distracciones mientras oramos. El consejo acerca de cortar el cabello o afeitar es fácil de comprender. Un peluquero distraído es un peluquero peligroso. Lutero aplicó bien la lección: "¡Cuánto más una oración merece la atención completa del corazón entero si ha de ser una buena oración!".[3]

Tenemos mucho por aprender acerca de la oración, y el Padrenuestro es el lugar indicado para

2. Martin Luther, "A Simple Way to Pray, to Master Peter the Barber", en *Luther's Spirituality*, eds. Philip D. W. Krey y Peter D. S. Krey, Library of Christian Classics (Nueva York: Paulist Press, 2007), p. 222.
3. Ibíd.

empezar. No es una simple oración para tiempos tranquilos. Es la oración que revoluciona al mundo. Aprendamos pues a orar, como enseñó Jesús.

CAPÍTULO 1

EL PADRENUESTRO

GENERALIDADES

Hace varios años me invitaron a hablar simultáneamente en dos conferencias importantes. La primera ocurría en un lado del continente y la otra en el otro extremo. Hacer ese viaje de costa a costa en tan poco tiempo fue complicado y, dado que el tema de mi charla en la segunda conferencia era especialmente polémico, me dediqué a dar los últimos retoques a mi mensaje durante el vuelo.

Sin embargo, por cuenta de las aerolíneas, no pude aterrizar a la hora programada de llegada, por lo que solo tuve dos horas para dormir antes de la conferencia. Fue un alivio poder llegar al fin a la conferencia y compartir mi mensaje; y luego, sin demora, ¡me senté en un banco y me quedé dormido!

Aun así, la conferencia no había terminado. Mientras yo estaba sentado, inclinado en un estado casi comatoso, uno de los anfitriones subió al estrado y dijo: "Quisiéramos pedir al doctor Mohler que venga y ore por nosotros para finalizar". Alguien a mi lado me dio un codazo y amablemente me informó que acababan de llamarme para orar. Yo parpadeé, me puse de pie, y caminé hacia el estrado desconcertado y sin saber muy bien lo que me habían pedido. Por suerte, el anfitrión que se encontraba en el estrado dijo: "Ahora, mientras el doctor Mohler pasa al frente para orar...", como un recordatorio de lo que sucedía, lo cual agradecí.

Allí estaba, en el estrado, completamente desprevenido y sin saber nada del contexto de la oración que me habían solicitado. ¿Había que orar por algo específico? ¿Alguien había muerto? ¿Se celebraba algo? Yo no sabía. Respiré hondo, incliné mi cabeza y oré.

Lo sorprendente es que hice lo que me pidieron; lideré a la congregación en oración. Yo poseía suficiente vocabulario sobre la oración y tenía las frases necesarias para armar una oración. Si bien estoy seguro de que muchos hombres y mujeres oraron con sinceridad en ese momento, yo no fui uno de ellos. Cuando terminé de orar, no sentí la misma satisfacción que había experimentado al final de mi mensaje. Antes bien, sentí que había llevado a cabo una tarea que me era conocida de manera automática. Fue demasiado fácil y vergonzoso.

Me temo que muchos evangélicos pueden identificarse con esta experiencia, porque sabemos lo que es orar sin orar en realidad. Muchos sabemos lo que es simplemente caer en una retahíla de palabras y lemas conocidos sin verdaderamente involucrarnos emocional y mentalmente con nuestro interlocutor.

Orar exige un gran esfuerzo, un interés enorme por lo que se ora y la disciplina de vivir llenos del Espíritu.

Es una experiencia similar a la que tuve cuando era adolescente y me di cuenta al cabo de meses de conducir un auto, que a menudo podía llegar a un destino y recordar casi nada del trayecto. Conducir a ciertos lugares como la escuela se volvió algo automático que no me exigía pensar, y la actividad se realizaba por completo sin requerir nada más aparte de un reflejo. Muchos evangélicos sienten que algo similar ocurre en su vida de oración. Pueden ejecutar los movimientos, pronunciar las palabras correctas, e incluso guiar a una congregación o un grupo en oración, sin recordar una sola palabra de lo que dijeron, e incluso sin entender siquiera lo que oraron.

Estas experiencias demuestran la misma realidad: orar es difícil. Como todo lo que es valioso, orar exige un gran esfuerzo, un interés enorme por lo que se ora y la disciplina de vivir llenos del Espíritu. Esta es una razón por la cual necesitamos con urgencia el Padrenuestro y sentarnos a los pies de nuestro Señor y rogar como los discípulos: "Enséñanos a orar" (Lc. 11:1).

LA ORACIÓN EN OTRAS RELIGIONES Y EN EL EVANGELICALISMO

Los eruditos del campo de las religiones del mundo nos dicen que la oración, o al menos algo que se le parece, forma parte de cada religión principal. En el islam, el llamado del almuédano convoca a los musulmanes fieles a arrodillarse en dirección a La Meca y a orar con sus cabezas inclinadas hasta el suelo. El judaísmo usa oraciones repetitivas en la liturgia formal y considera algunos lugares particularmente santos, como el muro occidental en Jerusalén, donde los fieles insertan en sus grietas trozos de papel con peticiones para Dios. Incluso el budismo tiene una forma de oración que se concentra en lograr un estado de tranquilidad cognitiva en el que se vacía la mente de todo contenido positivo.

También encontramos muchas formas diversas de oración según las diferentes modalidades de tradición cristiana. Las prácticas de oración del catolicismo romano, muy influenciadas por la tradición monástica y las enseñanzas acerca de María, incorporan elementos materiales como rosarios y rezos (por ejemplo, "santa María llena de gracia"). El protestantismo histórico convirtió la oración en una preocupación teológica central. Martín Lutero, Juan Calvino y los otros reformadores notables, escribieron mucho acerca de la oración, especialmente en el contexto de la adoración cristiana. Su objetivo era regular la oración mediante las Escrituras. Los reformadores querían a toda costa que el pueblo de Dios comprendiera la oración, a diferencia de la casta sacerdotal que usaba el latín, un idioma que era desconocido para la mayoría de la congregación. Ellos exigían que la oración fuera a la vez bíblica e inteligible.

Los evangélicos son conocidos por popularizar la oración.

Más adelante, la iglesia anglicana creó una tradición de oración que ha quedado establecida y publicada en lo que se conoce como *El libro de la oración común*. A los evangélicos modernos estas oraciones les parecen demasiado formales. Sin embargo, cuando Thomas Cranmer escribió por primera vez su libro de oración, con una sólida base bíblica, fue célebre por su sentido de intimidad con

Dios y el uso del lenguaje común para enseñar a los cristianos a orar.

La oración también es parte esencial de nuestra tradición evangélica y de nuestro culto. Los evangélicos son conocidos por popularizar la oración. Nosotros animamos a todos los santos (es decir, a todos los creyentes) a orar en privado y en público. Organizamos frecuentes reuniones multitudinarias de oración, e incluso maratones de oración, que permiten una programación constante a lo largo de un período prolongado de tiempo para un solo fin. Incluso enseñamos a los más pequeños a orar. Pero ¿les enseñamos bien?

LA ORACIÓN: BARÓMETRO DE LA CONVICCIÓN TEOLÓGICA

Dado que nuestra tendencia es especialmente a orar mal, como vimos anteriormente, lo primero que Jesús se propuso enseñar a sus discípulos acerca de la oración fue cómo *no* orar. El Padrenuestro no debe ser considerado únicamente como un modelo de lo que *es* la oración, sino también un modelo de lo que *no es* la oración. Jesús presentó el Padrenuestro en el contexto del Sermón del monte (Mt. 5–7), para corregir las prácticas que se habían desarrollado y que hoy conocemos, como veremos más adelante.

La oración nunca es un suceso aislado. Cuando

oramos, expresamos la totalidad de nuestro sistema teológico. Nuestra teología nunca se demuestra con mayor claridad delante de nuestros ojos y del mundo como cuando oramos. La oración nos obliga a articular nuestras doctrinas, convicciones y presupuestos teológicos. Estos aspectos de nuestra vida cristiana se concentran en la oración porque cuando hablamos con Dios revelamos de manera explícita lo que creemos que Él es, lo que creemos que somos nosotros, lo que Él piensa de nosotros y por qué lo piensa.

El filósofo Roger Scruton observó esto aun antes de convertirse al teísmo y afiliarse a la iglesia de Inglaterra, argumentando que lo que las personas creen verdaderamente acerca de Dios se ve reflejado en su adoración y en su oración: "El acto de adoración *define* a Dios con mucha mayor exactitud que cualquier teología".[1] En otras palabras, lo que creemos verdaderamente acerca de Dios se revela no tanto en lo que decimos acerca de Él sino mucho más en la manera en que nos acercamos a Él, ya sea en oración o en adoración. Una cosa es oír a un hombre decir que cree, pero otra es escucharlo orar. La oración siempre revela la teología subyacente. Como lo recuerda el antiguo verso latino, *Lex orandi, lex credenti*. Así como oramos, creemos.

---

1. Roger Scruton, *The Aesthetics of Music* (Oxford, UK: Oxford University Press, 1999), p. 460.

Podemos con toda seguridad extender aún más la afirmación de Roger Scruton: las peticiones de oración de una persona revelan mucho acerca de ella. Piensa nada más en lo que se revela acerca de las prioridades y el carácter del apóstol Pablo a partir de sus peticiones de oración que encontramos en las Escrituras. Por ejemplo, en 2 Tesalonicenses 3:1-5, la oración principal de Pablo era el progreso del evangelio por todo el mundo, y que los tesalonicenses se aferraran al "amor de Dios" y a la "paciencia de Cristo". Es evidente que las inquietudes principales de Pablo eran los asuntos eternos y el reino de Dios.

Cuando oramos, expresamos la totalidad de nuestro sistema teológico.

En resumen, la oración revela mucho acerca de nosotros. Revela nuestros presupuestos y convicciones. Revela nuestra visión de Dios y de nosotros mismos. Revela nuestras prioridades y nuestras suposiciones acerca de las prioridades de Dios. Revela nuestras doctrinas acerca de Dios, del pecado, de la redención, del mundo y muchos otros temas teológicos. Si realmente queremos saber lo que piensa una persona, hay que prestar atención a su oración.

FUNDAMENTOS TEOLÓGICOS DE LA ORACIÓN

Los eruditos bíblicos y los pastores de casi todas las denominaciones o tradiciones cristianas coinciden en que los cristianos están llamados a orar. Sin embargo, la oración suscita varios cuestionamientos teológicos. ¿Cuál es el propósito de nuestra oración? ¿Tratar de convencer a Dios de que haga algo que, de otra manera, no desearía hacer? ¿Tratar de negociar con Dios, e incluso de manipularlo? ¿Tratar de informar a Dios acerca de algo que Él no sabe?

El fundamento teológico primordial de la oración es el hecho de que hay un Dios vivo y verdadero que se ha revelado a nosotros:

> Yo soy el primero, y yo soy el postrero, y fuera de mí no hay Dios. ¿Y quién proclamará lo venidero, lo declarará, y lo pondrá en orden delante de mí, como hago yo desde que establecí el pueblo antiguo? Anúncienles lo que viene, y lo que está por venir. No temáis, ni os amedrentéis; ¿no te lo hice oír desde la antigüedad, y te lo dije? Luego vosotros sois mis testigos. No hay Dios sino yo. No hay Fuerte; no conozco ninguno (Is. 44:6-8).

Este Dios nos ha creado a su imagen (Gn. 1:26-27), de ahí que tengamos la capacidad espiritual y racional para orar. Parte de lo que significa ser creado a la imagen de Dios (ser portadores de la *Imago Dei*) es la capacidad de conversar con nuestro Creador. Vemos esto en Edén antes de que el pecado entrara en el mundo: Adán tenía comunión con Dios (Gn. 2:15-17). El hombre fue hecho para hablar con Dios, para tener comunión con el Creador.

Junto con la afirmación de lo que es la oración, es decir, una comunión con Dios, debemos señalar lo que no es la oración. Primero, la oración no es la expresión del yo. En Juan 4, en su conversación con la mujer en el pozo, Jesús dijo que aquellos que adoran al Padre deben hacerlo "en espíritu y en verdad" (v. 23), lo cual significa que adoramos a Dios conforme a lo que Él es y a la "verdad" que ha revelado en su Palabra. No nos está permitido acercarnos a Dios como nos parece conveniente. Él es santo y está en lo alto, y nosotros sabemos cómo acercarnos a Él solo en virtud de su voluntad revelada. La oración no es un acto de expresión del yo, como tampoco lo es aspecto alguno de la adoración.

En segundo lugar, la oración no es un acto terapéutico. No debemos buscar algún tipo de soborno curativo cuando oramos. Algunos eruditos de la psicología de la religión sugieren que las personas oran porque la oración produce serenidad y alivia la ansiedad y el temor. En efecto, la oración a menudo produce estos efectos, pero la oración también altera nuestra tranquilidad. Dios usa la oración para reorientar nuestros corazones en direcciones totalmente inesperadas, lo cual puede producir inquietud. La oración puede ser en ocasiones "anti-terapéutica", porque en la oración lo que importa, antes que nada, no somos nosotros, sino la gloria de Dios.

En tercer lugar, la oración no es un acto de manipulación ni de persuasión. No es tratar de encontrar la fórmula correcta o el código secreto para forzar a Dios a responder nuestra oración como queremos. Tampoco es tratar de persuadir o negociar con Dios como si Él fuera una de sus criaturas. La oración no es persuasión. La oración es buscar la voluntad de Dios, no la nuestra. Debemos venir delante de Dios y aprender a orar "hágase tu voluntad" tal como hizo Jesús. Si la voluntad de Dios es realmente perfecta, entonces ¿por qué desearíamos persuadirlo para que haga algo que es menos que eso? Es cierto que las Escrituras nos animan a presentar nuestras inquietudes, ansiedades y necesidades más profundas delante de Dios. De hecho, la Biblia contiene abundantes ilustraciones de esto. Pero no debemos traer nuestras necesidades delante de Dios pensando que lo hacemos para romper un muro de hostilidad o de complacencia. Debemos presentar nuestras necesidades delante de Dios en humildad, dispuestos a someternos a su plan perfecto.

En cuarto lugar, la oración no es un reporte noticioso para el Creador. Dios conoce todo perfectamente. A esto nos referimos los cristianos cuando decimos que adoramos a un Dios omnisciente, que todo lo sabe. Debemos resistir la tentación de usar la oración como una forma de alertar a Dios acerca de algo que de otro modo no sabría. Dios no solo sabe todo, pasado, presente y futuro, sino que incluso conoce nuestro corazón y nuestra mente mejor que nosotros mismos. Oramos con la confianza del conocimiento absoluto de Dios, pero con la necesidad de recordarnos a nosotros mismos todas nuestras inquietudes con el fin de confesar nuestros pecados, reconocer nuestra dependencia de Él, exponer nuestro corazón y orar por otros. No oramos para darle a Dios nuestro resumen noticioso del día, sino para presentar todo lo que nos inquieta delante de Aquel que nos hizo.

> *La oración no es persuasión. La oración es buscar la voluntad de Dios, no la nuestra.*

Por último, la oración no es una negociación. Todos hemos oído oraciones que suenan como una reunión de negociación: "Señor, me esforzaré por solucionar este pecado si tú me ayudas con esa bendición. También trataré de hacer *esto* por ti, si tú prometes hacer *esto otro* por mí". Este tipo de oración revela un gran malentendido teológico. La oración no tiene como propósito informar a Dios acerca de algo que Él no sepa, ni lograr que haga algo que Él se niega a hacer. La oración no cambia a Dios, nos cambia a nosotros. Esto no quiere decir que Dios no nos ordene orar o que no considere con seriedad nuestras oraciones. Antes bien, debemos recordar que Dios es absolutamente soberano, e igualmente amoroso con su pueblo. La oración no es nuestra licencia para negociar con un genio reticente. Es nuestra oportunidad para tener comunión con el Creador y el Redentor que nos ama.

INTRODUCCIÓN AL PADRENUESTRO

Dada nuestra inclinación a entender mal la oración, las Escrituras nos recuerdan constantemente el verdadero significado de la oración y cómo debemos acercarnos a Dios. De todos los pasajes bíblicos que hablan sobre la oración, el Padrenuestro es uno de los más asombrosos y de mayor riqueza. Sin embargo, antes de examinar el pasaje, es importante notar cómo Mateo y Lucas introdujeron esta oración.

En el relato de Lucas, los discípulos vienen a Jesús y le preguntan: "Señor, enséñanos a orar, como también Juan enseñó a sus discípulos" (Jn. 11:1). En el relato de Mateo, el Padrenuestro sobresale en el centro del Sermón del monte. Antes de que Jesús diera instrucciones acerca de la oración, dedica un tiempo considerable a criticar las prácticas de oración de los fariseos, especialmente el uso excesivo de palabras y frases vanas. Puede ser entonces que Él tampoco tenga un alto concepto de la rutina de oración cristiana en la actualidad.

El Sermón del monte describe la vida en el reino de los cielos. Por ende, el contenido del sermón abarca aquellos aspectos que Jesús mismo considera esenciales para ese reino. El Padrenuestro no es la excepción. Se encuentra en el corazón del Sermón del monte y debe ocupar el centro de nuestra vida como seguidores de Cristo. Por esta y por muchas otras razones, los cristianos necesitan repasar con regularidad la teología del Padrenuestro.

El Padrenuestro en el Sermón del monte es parte de la visión de Cristo para la vida en el recién inaugurado reino de los cielos. La llegada del reino de Dios conduce a una completa transformación de los valores, que a su vez conduce a una transformación en la devoción y en la práctica, especialmente en las limosnas, el ayuno y la oración.

Nadie está mejor capacitado para enseñarnos estos valores transformadores y la naturaleza de la verdadera oración que Jesús mismo. Los Evangelios describen con frecuencia que Jesús se dedicaba a la oración (Mt. 6:5-9; 14:23; 19:13; 26:36-44; Mr. 1:35; 6:46; 14:37-39; Lc. 3:21; 5:16; 6:12, 28; 9:18; 28-29; 11:1; 22:32, 41, 44; Jn. 17). Tal vez el ejemplo más destacado es la oración de Jesús en Juan 17, que suele denominarse la oración sacerdotal de Jesús. En ella podemos entrever la riqueza de la vida privada de oración de Jesús y de su sentido de comunión con el Padre. Aun así, oraciones como la de Juan 17 no pueden servir como modelo, puesto que solo Cristo, el Mediador entre Dios y los hombres, tenía el derecho de pronunciar muchos elementos de esa oración. Pero el Padrenuestro es diferente. El Padrenuestro es una oración que fue dada para ser pronunciada *por* los discípulos. Jesús la diseñó especialmente para que el pueblo de Dios la use y para enriquecer nuestras oraciones. La exposición del Padrenuestro en Mateo señala este punto de manera explícita, porque Jesús dice: "Vosotros, pues, oraréis así" (6:9).

Sin embargo, antes de darnos su modelo de oración en Mateo 6, Jesús presenta un contexto importante:

> Y cuando ores, no seas como los hipócritas; porque ellos aman el orar en pie en las sinagogas y en las esquinas de las calles, para ser vistos de los hombres; de cierto os digo que ya tienen su recompensa. Mas tú, cuando ores, entra en

tu aposento, y cerrada la puerta, ora a tu Padre que está en secreto; y tu Padre que ve en lo secreto te recompensará en público. Y orando, no uséis vanas repeticiones, como los gentiles, que piensan que por su palabrería serán oídos. No os hagáis, pues, semejantes a ellos; porque vuestro Padre sabe de qué cosas tenéis necesidad, antes que vosotros le pidáis (Mt. 6:5-8).

Mateo 6:1 es la clave para entender este pasaje. Allí Jesús dice: "Guardaos de hacer vuestra justicia delante de los hombres, para ser vistos de ellos; de otra manera no tendréis recompensa de vuestro Padre que está en los cielos". La primera advertencia que hace Jesús, y la más urgente, es contra la devoción pública y pretensiosa, una devoción que es completamente insulsa y falsa. Este tipo de culto se centra en sí mismo, fija la atención sobre el que ora, cuyas acciones están pensadas para demostrar cuán devoto es.

La oración que Dios busca es la que brota de un corazón humilde y contrito.

Jesús muestra que, *en efecto*, nuestros actos de piedad son reveladores, ya sea de la gloria de Dios o de la naturaleza superficial e hipócrita de nuestra fe. Jesús también es absolutamente claro en señalar que aquellos que desean ser vistos como piadosos ya han recibido su recompensa (v. 5). Cuando ayunaban, los fariseos aparentaban estar hambrientos con el objetivo de llamar la atención hacia su piedad fingida. Lo que ellos deseaban era recibir miradas de aprobación y admiración. Deseaban que los hombres los consideraran santos. Puede que hayan logrado lo que querían, pero nada más que eso. Su recompensa era la alabanza de los hombres, y esa era su única recompensa. Jesús elogia otro tipo de piedad, una piedad secreta que recibirá la recompensa del Padre (v. 6). El contraste es absoluto. Podemos buscar la gloria del Padre humillándonos en secreto, o podemos buscar nuestra propia gloria exaltándonos a nosotros mismos delante de los demás. Simplemente no podemos hacer las dos cosas.

No hace falta ser fariseo para caer en esta trampa. A veces los cristianos sienten la necesidad de impresionar a otros creyentes con sus oraciones, ya sea en un culto de adoración o en un grupo pequeño. Sin embargo, la oración verdadera nunca trata de impresionar a otros. La oración que Dios busca es la que brota de un corazón humilde y contrito. Como dijo Jesús en otro pasaje: "Porque cualquiera que se enaltece, será humillado; y el que se humilla será enaltecido" (Lc. 18:14).

CAPÍTULO 2

Y CUANDO ORES

A JESÚS NO LE IMPRESIONAN LAS ORACIONES RUTINARIAS

MATEO 6:5-8

Cuando Jesús empieza sus instrucciones a sus discípulos en Mateo 6 acerca de cómo orar, sus palabras introductorias "Y cuando ores" merecen una especial atención. Observa que Jesús no dice "*Si* oras". Él dice "Y *cuando* ores". Jesús espera que sus discípulos oren. Con esta frase de apertura, simplemente les ordena hacerlo. No orar constituye no solo una señal de una vida espiritual débil, sino de desobediencia a Cristo.

La oración es un aspecto esencial de la vida cristiana y de las Escrituras. Está entretejida a todo lo

LA ORACIÓN QUE REVOLUCIONA AL MUNDO

largo del texto bíblico, el cual nos insta a orar y nos instruye por medio de las oraciones de los santos del Antiguo y del Nuevo Testamento, y nos provee el libro de los Salmos como nuestra guía a la oración que es agradable a Dios.

En las Escrituras es impensable que un verdadero discípulo del Señor Jesús Cristo no ore. Ser discípulo de Jesús significa seguir su ejemplo, andar como Él anduvo y hacer lo que Él enseñó. Esto significa orar como Él oró. Y se da por sentado que el discípulo tiene una vida activa de oración.

No orar constituye no solo una señal de una vida espiritual débil, sino de desobediencia a Cristo.

Los cuatro evangelios señalan con absoluta claridad que Jesús era un hombre de oración. Se apartaba con frecuencia para estar a solas y tener comunión íntima con el Padre (Mt. 14:23; Mr. 1:35; Lc. 5:16). Además, vemos a Jesús enseñando a sus discípulos acerca del poder único de la oración (Mr. 11:24). Cuando no pudieron echar fuera un demonio, Jesús los instruyó con estas palabras: "Este género con nada puede salir, sino con oración y ayuno" (Mr. 9:29).

En definitiva, es imposible reconciliar la falta general de oración del cristiano típico estadounidense con las enseñanzas del Nuevo Testamento y el ejemplo de Cristo.[1] Además, la oración no es simplemente una responsabilidad cristiana en obediencia a los mandamientos de Dios e imitación del ejemplo de Jesús. También es un medio primordial para tener comunión con el Dios vivo. No hay verdadera intimidad con Dios sin oración. La cuestión es *cómo* vamos a orar.

ANTES DE ORAR: ALGUNAS COSAS PARA RECORDAR

No seas como los hipócritas

Lo primero que Jesús nos dijo para prepararnos para orar es "no seas como los hipócritas" (Mt. 6:5). Jesús condenó toda forma de hipocresía, pero como hemos visto, aquí se refiere a una hipocresía específica, pública, que busca atención personal mediante la devoción. Jesús explica el motivo interior de esta clase de hipócritas: "ellos aman el orar en pie en las

---

1. Por ejemplo, una encuesta reciente del Pew Research Center reveló que una cuarta parte de las personas que se identifican como cristianos admiten que solo oran una vez a la semana o tal vez solo una vez al mes. Además de esto, casi el 10 por ciento señaló que rara vez o nunca oran. Ver http://www.pewforum.org/2015/11/03/chapter-2-religious-practices-and-experiences/#private-devotions.

sinagogas y en las esquinas de las calles, para ser vistos de los hombres; de cierto os digo que ya tienen su recompensa" (Mt. 6:5).

> *Cuando oramos en privado no existe la tentación de aparentar y adoptar una pose para algún observador.*

Aunque Jesús se refiere aquí a las oraciones pretensiosas de los fariseos, tenemos que ver la tentación que también plantea esto en nuestro caso. Nosotros también podemos fácilmente utilizar oraciones hipócritas que se dirigen formalmente a Dios, pero que están lejos de Él en el sentido de la actitud de nuestro corazón.

Después de instruir a sus discípulos acerca de qué no hacer, Jesús les dice lo que se espera que hagan: "Mas tú, cuando ores, entra en tu aposento, y cerrada la puerta, ora a tu Padre que está en secreto; y tu Padre que ve en lo secreto te recompensará en público" (v. 6). Tener una habitación para la oración privada puede ser una herramienta muy útil para el culto personal a Dios, si bien Jesús no se refiere a este aspecto principalmente. Lo que Él pone de relieve es la importancia de la privacidad. El verdadero asunto no es tanto dónde oras, sino hacerlo de tal modo que no sea una exhibición de piedad delante de los demás.

Cuando oramos en privado no existe la tentación de aparentar y adoptar una pose para algún observador. Oramos para buscar comunión con Dios. El resultado de este tipo de oración es una recompensa del Padre celestial. El Padre que sabe lo que se hace en secreto recompensará a quienes oran en secreto. Esta recompensa no es material ni algo cuantificable. Antes bien, nuestra recompensa es la comunión con Dios mismo . Dios es la recompensa que Él da a su pueblo.[2]

No ores para impresionar

Después de exhortar a sus discípulos a no orar para impresionar a otros, Jesús les advierte acerca de no orar para impresionar a Dios: "Y orando, no uséis vanas repeticiones, como los gentiles, que piensan que por su palabrería serán oídos. No os hagáis, pues, semejantes a ellos; porque vuestro Padre sabe de qué cosas tenéis necesidad, antes que vosotros le pidáis" (vv. 7-8). Dios no busca palabras y oraciones largas y repeticiones sin sentido. Tampoco le impresionan la extensión o la complejidad de nuestras oraciones.

---

2. Una excelente explicación y defensa de esta idea se encuentra en John Piper, *Dios es el evangelio* (Grand Rapids, MI: Portavoz, 2007).

Una vez, cuando era adolescente, me pidieron orar y empecé a repetir palabras cuyo significado desconocía. Una vez oí a alguien usar en oración la palabra *súplica*, y en esa ocasión la incluí en mi oración: "Señor, escucha nuestras súplicas". Después de sentarme, pensé: *¿Qué rayos quiere decir eso?* Entonces me redarguyó un pensamiento que me acompaña hasta el día de hoy: *¿Qué clase de oración es aquella en la que usamos palabras que ni siquiera entendemos?*

El Señor no busca palabras impresionantes sino corazones humildes, corazones que confían en Él lo suficiente, aun cuando nuestras palabras son pocas.

Hay una poderosa ilustración de este tipo de repetición sin sentido y del uso de "palabrerías" en 1 Reyes 18, en la batalla de los dioses sobre el monte Carmelo. Los sacerdotes de Baal repetían de manera frenética sus oraciones y luchaban por llamar la atención de sus dioses, hasta el punto de lacerar sus cuerpos en su intento porque sus dioses los atendieran. Elías aprovechó esta situación como una oportunidad para exponer un poco de teología sobre la oración. Conforme los sacerdotes seguían orando y se laceraban sin recibir respuesta de Baal, Elías se burlaba de ellos diciendo: "Gritad en alta voz, porque dios es; quizá está meditando, o tiene algún trabajo, o va de camino; tal vez duerme, y hay que despertarle" (v. 27). Elías demostró en esa ocasión que a Dios no le impresionan nuestras muchas palabras.

La oración de Elías fue simple:

> Jehová Dios de Abraham, de Isaac y de Israel, sea hoy manifiesto que tú eres Dios en Israel, y que yo soy tu siervo, y que por mandato tuyo he hecho todas estas cosas. Respóndeme, Jehová, respóndeme, para que conozca este pueblo que tú, oh Jehová, eres el Dios, y que tú vuelves a ti el corazón de ellos (vv. 36-37).

Como demuestra la historia, el Señor no busca palabras impresionantes sino corazones humildes, corazones que confían en Él lo suficiente, aun cuando nuestras palabras son pocas.

Mateo 6:8 es crucial para entender el Padrenuestro: "vuestro Padre sabe de qué cosas tenéis necesidad, antes que vosotros le pidáis". Si entendemos que nuestro Padre conoce nuestras necesidades antes de que le pidamos, no nos sentiremos forzados a impresionar a Dios con nuestras oraciones ni a lograr cierta respuesta con algún tipo de formalidad fingida. Antes bien, por la fe veremos a un Dios soberano que está dispuesto y que es poderoso para contestar nuestras oraciones, y usa todas las cosas para nuestro bien y para su gloria. Este tipo de teología expresa cómo entendemos lo que hacemos cuando venimos delante de su trono de la gracia con nuestras peticiones y necesidades (He. 4:16).

CÓMO ABORDAR EL PADRENUESTRO

El Padrenuestro no nos enseña artificios ni la mecánica de la oración. Antes bien, el Señor Jesús corrige en él nuestra teología y rompe los conceptos equivocados acerca del carácter de Dios y de nuestras más profundas necesidades en este mundo. Nos enseña que la oración no se trata de impresionar a Dios, sino más bien de alabarlo presentándonos delante de Él en humildad para ofrecer la clase de oración que le agrada.

Al igual que los discípulos de Jesús, nosotros necesitamos orar. Fuimos creados para ser un pueblo que ora. Sin embargo, necesitamos con urgencia la instrucción acerca de cómo orar. Necesitamos que el Señor Jesús mismo nos enseñe cómo orar, porque si se nos deja hacerlo por nuestra cuenta, vamos a orar de la manera equivocada. Necesitamos abordar el Padrenuestro con la misma solicitud y actitud de los discípulos de Cristo. Necesitamos pedirle al Señor que nos enseñe a orar. Por supuesto, Jesús estaba dispuesto a enseñar a sus discípulos antes de que ellos estuvieran listos a aprender. Él también está dispuesto a enseñarnos.

CAPÍTULO 3

SANTIFICAR EL NOMBRE DEL PADRE

DONDE EMPIEZA LA ORACIÓN AUTÉNTICA

MATEO 6:9

El Padrenuestro nos recuerda que nadie, aparte de Jesús, enseñó a su pueblo a orar. Esta es una verdad extraordinaria. El Señor Jesús, por ser plenamente Dios y plenamente hombre, es el único verdaderamente calificado para enseñarnos a orar. Jesús nos ofrece la perspectiva divina sobre la oración, por cuanto es el segundo miembro de la Trinidad. En Jesucristo, Dios mismo enseña a su pueblo cómo quiere que nos acerquemos a Él. Por otro lado, dado que es plenamente hombre, Jesús también puede enseñarnos, como humanos, a abordar la oración. Jesús se dedicó a la oración y experimentó una vida de oración. Puesto que Él es plenamente humano sin mancha alguna de pecado, Jesús llevó una vida de oración perfecta. Jesús sabe lo que es orar, porque Él participa de nuestra misma naturaleza e incluso ahora intercede por nosotros a la diestra de Dios (He. 7:25). Así que nunca debemos olvidar la formidable oportunidad que es para nosotros leer el Padrenuestro. En Mateo 6, Jesús enseña a sus discípulos a orar. Son palabras que vienen de Dios mismo acerca de la oración que Él desea.

Nuestras oraciones revelan nuestras convicciones más profundas acerca de Dios, de nosotros mismos y del mundo que nos rodea.

Como señalé en el capítulo 1, nuestras oraciones revelan nuestras convicciones más profundas acerca de Dios, de nosotros mismos y del mundo que nos rodea. Cada palabra que pronunciamos en oración, cada idea y concepto que elaboramos cuando oramos, y cada emoción que brota de nuestro corazón son un reflejo de lo que creemos acerca de Dios y del evangelio de Cristo. La famosa fórmula cristiana: "Así como creemos, oramos" sustenta esta misma realidad. Nada descubre mejor la verdadera condición de nuestra alma, para nosotros mismos y ante los demás, que la oración.

Cuando examinamos las enseñanzas de Jesús acerca de la oración debemos preguntarnos: ¿Cómo corrigen las palabras de Jesús los malos hábitos de oración que he desarrollado? ¿De qué modo confronta Jesús mi vida de oración y me invita a experimentar un modelo de oración que glorifique más a Dios?

Como deja bien claro el Antiguo Testamento una y otra vez, Dios no toma la adoración con ligereza (ver, por ejemplo, Lv. 10:1-2). Dios es quien regula y establece los parámetros para nuestra adoración, no nosotros. Considera nada más los detalles meticulosos que Dios dictó a Moisés acerca de cómo construir el tabernáculo y cómo debían conducirse los sacerdotes durante el sacrificio y la adoración. En consecuencia, queda claro que Dios advertía a Israel sobre el riesgo de apoyarse en su propia creatividad en lo concerniente a acercarse al Señor Dios en adoración.

Esto plantea uno de los cuestionamientos más fundamentales acerca de la oración: ¿Por dónde comenzar? Cada oración debe tener un comienzo. ¿Cómo entramos en los atrios celestiales y hablamos con un Dios todopoderoso? Empezando en Mateo 6:9, Jesús provee la respuesta con estas palabras: "Vosotros, pues, oraréis así".

NO EXISTE "YO" EN LA ORACIÓN: LA LUCHA CONTRA EL INDIVIDUALISMO EN NUESTRA ORACIÓN

A lo largo de las últimas décadas, he notado que muchos cristianos tienden a comenzar sus oraciones presentando sus necesidades. Por supuesto que, en cierto sentido, es comprensible por qué comenzamos nuestras oraciones con peticiones. Después de todo, la oración nos recuerda nuestra profunda necesidad de ser santificados por Dios en nuestras circunstancias y librados de nuestras pruebas. Además, para empezar, nuestras circunstancias y pruebas son con frecuencia la razón misma que nos lleva a orar. De ahí que la tiranía de lo urgente tenga la notable capacidad de ocupar nuestra vida intelectual y nuestros patrones de pensamiento. Como resultado, nuestras oraciones, de principio a fin, a menudo están marcadas por la petición.

Sin embargo, el Padrenuestro empieza muy diferente. La petición constituye desde luego una parte (muy importante, de hecho) del Padrenuestro, pero Jesús no empieza con peticiones. En lugar de eso, Él comienza identificando el carácter del Dios a quien ora y, al mismo tiempo, desafiando nuestro individualismo en la oración. Jesús hace todo esto con las primeras dos palabras: "Padre nuestro".

A primera vista, la palabra *nuestro* parece un

pequeño pronombre insignificante. No obstante, al comenzar su oración con la palabra *nuestro*, Jesús señala un aspecto que reviste un enorme poder teológico. Jesús nos recuerda que cuando entramos en una relación con Dios, entramos en una relación con su pueblo. Cuando somos salvos *por* Cristo, somos salvos para estar *en* su cuerpo, la iglesia. De hecho, este énfasis en nuestro lugar dentro de la identidad corporativa de la iglesia es un aspecto que se repite a lo largo de la oración. Una manera de notar este énfasis es simplemente leer toda la oración y observar el uso del pronombre personal en primera persona: "Padre *nuestro*, que estás en los cielos, santificado sea tu nombre. Hágase tu voluntad, como en cielo, así también en la tierra. El pan *nuestro* de cada día, *dánoslo* hoy. Y *perdónanos nuestras* deudas, como también *nosotros* perdonamos a *nuestros* deudores. Y no *nos* metas en tentación, mas *líbranos* del mal".

¿Te das cuenta de algo que está asombrosamente ausente? ¡No existe un solo pronombre singular en toda la oración! Jesús no nos enseñó a orar: "Padre *mío*, que estás en el cielo... el pan *mío* de cada día *dámelo* hoy y perdona *mis* deudas como también *yo* perdono a *mis* deudores. Y no *me* metas en tentación, mas *líbrame* del mal". El punto no es negar nuestros propios pecados ni nuestras propias necesidades, sino nunca ser nosotros el centro.

Uno de los grandes pecados del evangelicalismo es nuestra obsesión con el individualismo. El pronombre singular en primera persona es lo que gobierna nuestro pensamiento. Nuestra tendencia es pensar acerca de casi todo (incluso las verdades de la Palabra de Dios) solo en la medida en que tienen que ver *conmigo*. Sin embargo, cuando Jesús enseña a sus discípulos a orar, hace hincapié desde el principio en el hecho de que somos una colectividad, un pueblo llamado la iglesia. Dios no es simplemente "mi Padre". Él es "nuestro Padre", el Padre de mis hermanos y hermanas en la fe con quienes me identifico y con quienes oro.

Muchos fallamos en la oración porque empezamos con la palabra equivocada: yo *en lugar de* nuestro.

Si somos sinceros, muchas de nuestras reuniones de oración pasan incluso por alto el énfasis que pone Jesús en el carácter colectivo de la oración. Sin embargo, nunca debemos perder de vista el hecho de que, aun cuando oramos a solas (Mt. 6:6), debemos orar con la mirada puesta en esta realidad colectiva y teniendo presente el amor de Cristo por la iglesia. Debemos recordar el modelo de la enseñanza de nuestro Señor sobre la oración y recordar no solo las palabras que usó, sino las que no usó. La primera persona del singular (*yo, me, mi, mío*) está completamente ausente del Padrenuestro. Es evidente que la oración no debe centrarse ni en ti ni en mí.

Este problema de darnos demasiada importancia a nosotros mismos en nuestras oraciones me recuerda la famosa respuesta de G. K. Chesterton a una pregunta que le formuló un famoso diario: "¿Cuál es el problema con el mundo?". La pregunta fue enviada a muchos intelectuales de renombre en la Inglaterra victoriana, muchos de los cuales enviaron largos ensayos que delineaban las complejidades de todo lo que está mal en el mundo. Según dicen, Chesterton respondió con una sencilla nota manuscrita que decía: "Yo soy el problema. Sinceramente, Chesterton".

¿Cuál es el mayor problema con nuestras oraciones? Quizá la respuesta más fundamental es un reflejo de la de Chesterton: "Yo soy el problema". Uno de nuestros grandes problemas y deficiencias en la oración es que empezamos con nuestras propias preocupaciones y nuestras propias peticiones sin consideración de nuestros hermanos y hermanas. Muchos fallamos en la oración porque empezamos con la palabra equivocada: *yo* en lugar de *nuestro*. Jesús nos recuerda que somos parte de una familia, incluso cuando oramos. De ahí que una de las primeras palabras de la oración modelo de Jesús sea la palabra *nuestro*. Estamos juntos en esto. Ser cristiano significa ser parte de la iglesia de Jesucristo. Por la gracia de Dios somos incorporados al cuerpo de Cristo, de manera que nuestra identidad espiritual fundamental no es "yo", sino "nuestro". Esto va en contra de la tendencia natural de nuestro estado caído y también contra la tendencia natural del individualismo estadounidense, el cual se ha filtrado en muchas secciones del evangelicalismo. Debemos seguir la norma de las Escrituras. Jesús nos enseña a abandonar el "yo" y comenzar con "nuestro".

UN PADRE CELESTIAL: NUESTRO DIOS CERCANO Y TRASCENDENTE

Un Padre

Dios se identifica con muchos títulos a lo largo de las Escrituras. Se le llama "Señor", "Altísimo", "Todopoderoso", "Rey", e incluso "Juez de toda la tierra". Aun así, en el Padrenuestro, Jesús no se refiere a Dios con ninguno de estos títulos, sino que se refiere a Él como "Padre". Al usar esa palabra, Jesús nos recuerda que Dios no es alguna deidad anónima ni una fuerza impersonal. Oramos al Dios de las Escrituras, el único que se ha revelado en el Antiguo y el Nuevo Testamentos. Nos acercamos a este Dios por la obra de Cristo y tenemos una relación única con Él. Como nuestro Padre, el que oye nuestras oraciones, está próximo, lo cual quiere decir que tiene una cercanía íntima con su pueblo. El término *Padre* no es simplemente un título para Dios. De hecho, debemos tener mucho cuidado en cómo definimos la "paternidad de Dios". Jesús es quien afirma aquí una relación filial que existe entre el Creador y aquellos que han sido salvos por medio de la fe en Jesucristo y adoptados en la familia de Dios. Sin embargo, desde finales de los siglos XIX y principios del XX, el término "paternidad de Dios" se ha usado con frecuencia para referirse a Dios como un padre de todos los pueblos, sin distinción y sin importar que alguien tenga o no fe en Cristo.

Solo podemos relacionarnos con Dios como Padre porque hemos recibido el Espíritu de adopción como hijos e hijas por medio de la obra expiatoria de Jesucristo.

Por supuesto, hay un sentido en el que Dios es paternal con toda su creación. Sin embargo, las Escrituras afirman que solo llegamos a conocer a Dios como nuestro Padre de manera *personal* cuando por medio de la fe en Cristo somos adoptados en la familia de Dios. La declaración de fe de la Convención Bautista del Sur, Fe y Mensaje Bautistas 2000, lo resume muy bien:

> Dios como Padre reina con cuidado providencial sobre todo su universo, sus criaturas, y el fluir de la corriente de la historia humana de acuerdo a los propósitos de su gracia. Él es todopoderoso, omnisciente, todo amor, y todo sabio. Dios es Padre en verdad de todos aquellos que llegan a ser sus hijos por medio de la fe en Cristo Jesús. Él es paternal en su actitud hacia todos los hombres.[1]

En efecto, Dios es paternal hacia toda su creación. Dios ejerce un "cuidado providencial" sobre las obras de sus manos. Él es paternal en relación con todo lo que Él ha creado y con todos aquellos a quienes Él ha creado. El hecho de que todos los seres humanos que viven en todas partes existen, viven y respiran, constituye un testimonio de la relación paternal y benevolente entre el Creador y su creación. Sin embargo, como señala la declaración de fe, Dios es Padre, *como tal*, solo de quienes le conocen por medio del Hijo.

---

1. "Fe y Mensaje Bautistas", Convención Bautista del Sur, consultado el 17 de octubre de 2018, http://www.sbc.net/pdf/translate/spanish/TheBaptistFaithAndMessage.pdf.

En varias instancias, las Escrituras testifican la relación paternal única que Dios tiene con su pueblo:

> Según nos escogió en él antes de la fundación del mundo, para que fuésemos santos y sin mancha delante de él, en amor habiéndonos predestinado para ser adoptados hijos suyos por medio de Jesucristo, según el puro afecto de su voluntad (Ef. 1:4-5).

> Pero cuando vino el cumplimiento del tiempo, Dios envió a su Hijo, nacido de mujer y nacido bajo la ley, para que redimiese a los que estaban bajo la ley, a fin de que recibiésemos la adopción de hijos (Gá. 4:4-5).

> Porque todos los que son guiados por el Espíritu de Dios, éstos son hijos de Dios. Pues no habéis recibido el espíritu de esclavitud para estar otra vez en temor, sino que habéis recibido el espíritu de adopción, por el cual clamamos: ¡Abba, Padre! El Espíritu mismo da testimonio a nuestro espíritu, de que somos hijos de Dios. Y si hijos, también herederos; herederos de Dios y coherederos con Cristo, si es que padecemos juntamente con él, para que juntamente con él seamos glorificados (Ro. 8:14-17).

Estos pasajes dejan muy claro que nuestra condición de hijos y nuestra capacidad para relacionarnos con Dios como Padre solo es posible gracias a la redención. Efesios 1:5 señala que somos predestinados para la adopción "por medio de Jesucristo", es decir, conforme a y con base en la obra de Cristo en la cruz. Gálatas 4:4-5 hace hincapié en el mismo punto al declarar que nuestra redención de la ley es lo que nos permite convertirnos en hijos. Por último, Pablo dejó claro en Romanos 8:14-17 que solo quienes han recibido el Espíritu de Dios (llamado el "Espíritu de adopción") pueden llamar a Dios "¡Abba, Padre!".

Las Escrituras no dan lugar a dudas. Solo podemos relacionarnos con Dios como Padre porque hemos recibido el Espíritu de adopción como hijos e hijas por medio de la obra expiatoria de Jesucristo. En otras palabras, podemos llamar a Dios "Padre" no porque somos sus hijos en virtud de nuestra condición de criaturas, sino porque somos hijos en virtud de la adopción. Nuestro Padre nos ha adoptado por medio de su Hijo, en su Hijo y para su gloria.

Así, pues, vemos que Jesús nos enseña a comenzar nuestras oraciones de acuerdo con las realidades del evangelio. Cuando oramos, lo hacemos dentro del contexto de una relación establecida que Cristo mismo ha decretado, ejecutado y consumado. Solo en virtud de la obra de Jesús en la cruz podemos decir verdaderamente: "Padre nuestro que estás en los cielos".

Estas verdades también nos recuerdan que no nos acercamos al trono de Dios en oración como nuestro derecho inherente. Nuestra licencia para entrar en la presencia de Dios terminó en Génesis 3. Solo por la gracia y la misericordia de Dios mediante la obra expiatoria de Cristo tenemos ahora derecho a presentarnos delante del Dios de toda la creación y a pronunciar las palabras "Padre nuestro que estás en los cielos".

El teólogo Gary Millar ha observado que el Padrenuestro es necesario precisamente porque la comunión ininterrumpida que gozaron Adán y Eva con Dios en el huerto de Edén terminó con su pecado y expulsión del huerto.[2] Adán conversaba con Dios en el huerto al aire del día. Ya no estamos en el huerto de Edén. No obstante, puesto que hemos sido adoptados como hijos e hijas de Dios, quienes estamos en Cristo podemos verdaderamente orar a Dios como "Padre nuestro".

Además, la palabra *Padre* también revela algo acerca de la disposición de Dios hacia nosotros. Si bien fuimos enemigos de Dios, ahora que estamos en Cristo no nos ama menos de lo que ama a su propio Hijo. Esta relación basada en el evangelio nos dice que

---

2. Millar, *Calling on the Name of the Lord*, p. 29.

a Dios, nuestro Padre, le agrada e incluso le alegra recibir las oraciones de sus hijos. Además, en estas dos pequeñas palabras introductorias, Jesús nos recuerda el evangelio y la gracia que Dios nos ha manifestado. El Dios que nos ha liberado de nuestros pecados también es el Padre que nos ama y nos recibe. El Dios que nos salvó mediante la obra de Cristo en la cruz es el mismo Dios que nos invita a ser parte de su familia. El Dios que en su gracia nos habló en y por medio de su Hijo, ahora, de manera extraordinaria, nos invita a hablar con Él. Él es trascendente y a la vez cercano. En Cristo Él está cerca de nosotros.

Un Padre celestial

Las primeras palabras de Jesús no solo hacen hincapié en la cercanía de Dios al llamarlo Padre, sino en su trascendencia al referirse a Él *"en los cielos"*. Dios no es una simple fuerza benevolente en el universo, o alguna deidad tribal. Este es el Dios que gobierna y reina desde lo alto. Es el Dios que desde su trono rige sobre toda la creación y que goza de la eterna adoración de las huestes angelicales. Este es nuestro Dios grande y santo. Nuestro Padre que está en los cielos es trascendente.

La mención de la trascendencia de Dios es un recordatorio de que Dios es distinto de su creación. Aunque tenemos una relación preciosa con Dios que es posible gracias a la obra de Cristo, no debemos pensar que Dios es simplemente un personaje bonachón en el cielo, o peor aún, "el hombre de arriba". Jesús nos muestra que si bien podemos venir a Dios como sus hijos y acercarnos a un Padre amoroso, no debemos olvidar que el Padre al que venimos es nada menos que el Dios omnipotente del universo. El Antiguo Testamento señala repetidas veces la trascendencia de Dios:

> Aprende pues, hoy, y reflexiona en tu corazón que Jehová es Dios arriba en el cielo y abajo en la tierra, y no hay otro (Dt. 4:39).

> No hay como el Dios de Jesurún, quien cabalga sobre los cielos para tu ayuda, y sobre las nubes con su grandeza (Dt. 33:26).

> Porque tú, Jehová, eres excelso sobre toda la tierra; eres muy exaltado sobre todos los dioses (Sal. 97:9).

En Eclesiastés 5:2, Salomón conectó nuestro entendimiento de la trascendencia de Dios con la práctica apropiada de la oración. Él escribió: "No te des prisa con tu boca, ni tu corazón se apresure a proferir palabra delante de Dios; porque Dios está en el cielo, y tú sobre la tierra; por tanto, sean pocas tus palabras". Nuestro conocimiento de la trascendencia de Dios debería dar forma a nuestras oraciones, por lo que debemos tener presente que la oración es una tarea humilde y reverente. Por eso creo que una de las prácticas más poderosas es orar las Escrituras. De esta manera, podemos garantizar que las palabras de Dios son muchas, y las nuestras, en comparación, pocas.

LA GRACIA DE LA REVELACIÓN DIVINA

Antes de dejar las palabras "Padre nuestro que estás en los cielos", debemos observar un último aspecto importante de este pasaje: nosotros no le ponemos nombre a Dios; Él se llama a sí mismo. Esta puede parecer una observación extraña, pero tiene enormes implicaciones teológicas. Cuando Jesús toma el lenguaje del Antiguo Testamento para dirigirse a Dios en lugar de optar por una forma más novedosa o "creativa" de dirigirse a Él, nos recuerda que solo debemos hablar acerca de Dios tal como Él mismo se ha revelado.

El encuentro de Dios con Moisés en la zarza ardiente aclara este punto. Dios mandó a Moisés ir y hablar con faraón y exigirle liberar a los israelitas. Moisés entendió la importancia de conocer el nombre del Dios que lo enviaba, de modo que preguntó: "¿Quién les digo que me envió? ¿cuál es tu nombre?" (Éx. 3:13, paráfrasis del autor). El libro de Éxodo no evita describir en detalle las imperfecciones de Moisés. Sin embargo, algo que Moisés sí entiende es que no tiene derecho de ponerle nombre a Dios. Solo Dios tiene ese derecho. Como declaró Carl Henry, cuando Dios se revela a Sí mismo, pierde "su privacidad personal para que sus criaturas puedan conocerlo".[3] Por consiguiente, debemos tomar nota de lo que Dios dice acerca de Sí mismo, y hablar de Él y dirigirnos a Él según esas verdades.

Por tanto, cuando oramos debemos seguir el modelo de Jesús de solo asignar a Dios los atributos y los nombres que Dios mismo ha empleado. No nos está permitido llamarlo como se nos antoje. Este punto es particularmente importante en nuestros días, dado que los teólogos feministas y otros que promueven el lenguaje de la inclusión han propuesto que asignar a Dios nombres que son particulares de un género es algo patriarcal y obsoleto. En ese sentido, muchos teólogos han aseverado que deberíamos usar atributos femeninos para Dios además de los masculinos, como por ejemplo "Madre celestial". Otros han afirmado que en vista de que los padres terrenales han fracasado tan a menudo en el ejercicio

---

3. Carl F. H. Henry, *God, Revelation, and Authority*, vol. 3, *God Who Speaks and Shows* (Wheaton, IL: Crossway, 1999), p. 405.

de sus responsabilidades parentales y han abusado de su autoridad, el lenguaje mismo de la paternidad puede alejar a las personas de Dios.

Cuando oramos debemos seguir el modelo de Jesús de solo asignar a Dios los atributos y los nombres que Dios mismo ha empleado.

¿Cuál debería ser la respuesta de los evangélicos que afirman la infalibilidad de las Escrituras? Primero, debemos reconocer que las Escrituras dejan muy claro que Dios no es hombre ni mujer. En cambio, Dios es espíritu (Jn. 4:24). Él no tiene características biológicas. Segundo, debemos también afirmar que de acuerdo con las Escrituras, Dios se revela como un Padre para sus hijos. Los teólogos categorizan con frecuencia este tipo de lenguaje bíblico como "analógico". En otras palabras, las descripciones que Dios hace de Sí mismo para nosotros se acomodan a nuestro entendimiento humano. Esto no significa que estas descripciones sean falsas o incorrectas. Más bien, Dios habla de tal modo que comunica algo real pero de una manera que es comprensible para nuestra mente. Por tanto, alterar de cualquier manera los nombres que Dios mismo se ha asignado cambia su analogía tal como fue planeada y, por consiguiente, destruye la verdad de su Palabra. En última instancia, Dios no se ha revelado como una madre celestial. Dios ordena el vocabulario que debemos usar cuando nos dirigimos a Él. Si deseamos honrar a nuestro Padre trascendente, seguiremos el ejemplo de Jesús y hablaremos de acuerdo con lo que Dios ha revelado de Sí mismo en las Escrituras. Cuando oramos "Padre nuestro", rechazamos cada representación falsa y tergiversada del carácter de Dios, cada mentira del diablo, cada herejía idólatra, y oramos al único, verdadero y amoroso Dios, nuestro Padre.

SANTIFICADO SEA TU NOMBRE: LA PRIMERA PETICIÓN DE JESÚS

Después que Jesús identifica el carácter de Dios, mostrándonos cómo debemos dirigirnos a Él, prosigue con la primera petición: "santificado sea tu nombre". Muchos cristianos creen equivocadamente que esta frase es otra exclamación de alabanza. En realidad, esta frase es una plegaria. Con ella Jesús no dice que el nombre de Dios *es* santificado; más bien pide a Dios que haga santificar su nombre. A fin de entender esta petición, debemos considerar primero el significado de dos palabras esenciales: *santificado* y *nombre*.

En primer lugar, ¿qué quiere decir la palabra *santificado*? *Santificar* y *santificado* son palabras antiguas que han caído prácticamente en desuso en el vocabulario moderno y que no han sido reemplazadas por otras (un hecho revelador de la secularización de nuestra cultura). Para muchos, la palabra *santificar* puede incluso parecer macabra, dado que la única ocasión en la que los estadounidenses modernos usaron esta palabra tiene que ver con Halloween. Sin embargo, el verbo *santificar* simplemente significa "hacer santo" o "considerar como santo". De este modo, cuando Jesús pide a Dios que santifique su nombre está pidiéndole que obre de tal manera que demuestre visiblemente su santidad y su gloria. Exploraremos más adelante cómo sucede esto.

En segundo lugar, ¿qué significa para Dios santificar su *nombre*? El primer aspecto a destacar acerca de esta petición es que el "nombre" de Dios es en esencia Él mismo, de forma abreviada. El Antiguo Testamento se refiere con frecuencia a Dios simplemente refiriéndose al "nombre" de Dios. Sin embargo, también se da el caso de que el nombre de Dios se refiera a su reputación. Así como hablamos de "tener un buen nombre" como una forma de referirse a una buena fama, el Antiguo Testamento usa la misma expresión para aludir a la reputación de Dios. Herman Bavinck, el prolífico teólogo holandés

DONDE EMPIEZA LA ORACIÓN AUTÉNTICA

del siglo XIX, explicó bellamente este punto en su *Reformed Dogmatics* [Dogmática reformada]:

> Todo lo que podemos aprender acerca de Dios a partir de su revelación está señalado en su nombre en las Escrituras... Un nombre es algo personal y muy diferente de un número, o de una categoría de una especie. Todos nos sentimos siempre más o menos molestos cuando alguien escribe mal o confunde nuestro nombre, porque representa nuestro honor, nuestra dignidad, nuestra persona, nuestra individualidad... Hay un vínculo íntimo entre Dios y su nombre. Según las Escrituras, este vínculo no es accidental ni arbitrario, sino creado por Dios mismo. Nosotros no le damos nombre a Dios, Él se pone nombre a Sí mismo... Por tanto, su nombre condensa su honor, su fama, su excelencia, su revelación completa, su propio ser.[4]

Esto explica por qué Dios tiene cuidado de su nombre a lo largo de las Escrituras. Por ejemplo, Dios señala repetidamente que cuando Él actúa, lo hace por causa de su nombre, es decir, por su propia gloria.

---

4. Herman Bavinck, *Reformed Dogmatics* (Grand Rapids: Baker, 2004), pp. 97-99.

Por amor de tu nombre, oh Jehová, perdonarás también mi pecado, que es grande (Sal. 25:11).

Diré al norte: Da acá; y al sur: No detengas; trae de lejos mis hijos, y mis hijas de los confines de la tierra, todos los llamados de mi nombre; *para gloria mía los he creado*, los formé y los hice (Is. 43:6-7).

Por amor de mi nombre diferiré mi ira, y para alabanza mía la reprimiré para no destruirte. He aquí te he purificado, y no como a plata; te he escogido en horno de aflicción. *Por mí, por amor de mí mismo* lo haré, *para que no sea amancillado mi nombre*, y *mi honra no la daré a otro* (Is. 48:9-11).

Pero actué a causa de mi nombre, para que no se infamase a la vista de las naciones ante cuyos ojos los había sacado (Ez. 20:14).

Por tanto, di a la casa de Israel: Así ha dicho Jehová el Señor: No lo hago por vosotros, oh casa de Israel, sino *por causa de mi santo nombre* (Ez. 36:22).

La petición "santificado sea tu nombre" es, en esencia, una condensación de estos pasajes del

Antiguo Testamento. Con la petición de que ese nombre de Dios sea "santificado", Jesús pide a Dios que se mueva y actúe en el mundo de tal modo que las personas valoren su gloria, estimen su santidad y atesoren su carácter por encima de todo. No debemos pasar esto por alto: la primera petición de Jesús no es la satisfacción de sus necesidades personales, sino que la gloria y la santidad de Dios sean conocidas y amadas como merecen serlo. Es una oración extraordinaria que se centra en Dios.

¿Cómo entonces Dios "santifica su nombre" en el mundo? Primero, "santificado sea tu nombre" es una petición para que la iglesia sea santificada. La iglesia es mayordoma del nombre de Dios. Una de las responsabilidades más importantes de la iglesia es ser portadora fiel del nombre de Dios. Cada cristiano que llega a conocer a Cristo como Salvador y es adoptado como hijo o hija de Dios tiene esa responsabilidad. Esta es una tarea notable, una tarea para la cual somos insuficientes. Esta es la razón por la cual, obviamente, debemos elevar esta petición tal como hizo Jesús. Debemos pedir a Dios que "santifique su nombre" en nuestro discipulado, en nuestra oración, en nuestra predicación, en nuestro testimonio, en nuestra obra y en la eternidad. Nuestra principal preocupación no debe ser procurarnos una vida cómoda, sino que Dios sea glorificado y que nuestra vida, e incluso nuestra oración, sean una manifestación de la gloria de Dios.

———

Nuestra principal preocupación no debe ser procurarnos una vida cómoda, sino que Dios sea glorificado y que nuestra vida, e incluso nuestra oración, sean una manifestación de la gloria de Dios.

———

Por supuesto, la gloria inherente de Dios no varía. No podemos añadir ni quitar nada en absoluto de la majestad inherente de Dios. Sin embargo, su gloria visible y observable puede ser más o menos evidente dependiendo de nuestra fidelidad. La fidelidad en la vida cristiana hace visible la gloria de Dios delante de los demás. Por consiguiente, la iglesia debe recordar que la medida en la cual la gloria de Dios se manifiesta en la tierra depende de cómo nos conducimos como portadores redimidos de su imagen. Incluso nuestra oración debe empezar apropiadamente, entendiendo que nuestro objetivo central es ser un pueblo santo apartado para Aquel que nos ha creado, salvado y redimido. De este modo, cuando el mundo mira a los que están en Cristo, la santidad de Dios es amplificada y se hace siempre visible.

En segundo lugar, "santificado sea tu nombre" es también una petición evangelística. Esta frase del comienzo del Padrenuestro es para nosotros un recordatorio evidente de que cuando un pecador viene a la fe en el Señor Jesucristo y sus pecados son perdonados, el santo nombre de Dios exhibe claramente su santidad a los ojos de la iglesia y del mundo. Y entre más personas hay que conocen a Cristo, más personas existirán para reverenciar el carácter de Dios y santificar su nombre. Así pues, cuando Dios salva a un pecador demuestra su gloria y, a su vez, el pecador salvo proclama al mundo la excelencia del Dios que lo salvó. De ese modo, el nombre de Dios es santificado en el mundo.

La primera frase de la oración de Jesús centra nuestra atención en Dios y no en nosotros. Jesús nos enseña que Dios es nuestro Padre cercano. Él es el Dios trascendente que está *en los cielos*. Él es quien se revela y se pone nombre. Y nuestra preocupación principal en la oración no es nuestra propia comodidad sino la gloria de Dios. Si nosotros no conocemos verdaderamente al Dios del que hablamos, nuestras oraciones seguirán careciendo de poder y de vida, y serán superficiales. Solo si logramos conocer al Dios que Jesús describe en la primera frase del Padrenuestro seremos movidos a presentarnos delante del trono de gracia. Como señaló J. I. Packer:

Los hombres que conocen a su Dios son ante todo
hombres de oración, y el primer lugar donde se
expresa su celo y fervor por la gloria de Dios es
en sus oraciones... Si hay poco fervor por esa
clase de oración y, en consecuencia, una práctica
escasa de la misma, es una señal segura de lo
poco que conocemos a nuestro Dios.[5]

En efecto, una comprensión pobre de Dios conduce a oraciones pobres. Si llegamos a conocer y a
amar al Dios y Padre de nuestro Señor Jesucristo,
seremos motivados a orar, y a orar como Jesús nos
enseñó.

---

5. J. I. Packer, *Knowing God* (Downer's Grove, IL: InterVarsity
Press, 1993), 28-29. Publicado en español por Editorial Clie con
el título *Conociendo a Dios*.

CAPÍTULO 4

VENGA TU REINO

¿CUÁL AGENDA IMPORTA?

MATEO 6:10

La primera petición en el Padrenuestro es que el nombre de Dios sea santificado. La segunda petición, "venga tu reino", se basa en la primera, ya que nos muestra cómo el nombre de Dios es santificado en el mundo. Dios revela su carácter y su reputación conforme su reino se expande a cada rincón de la tierra, y los ciudadanos de ese reino hacen la voluntad de Dios en la tierra como en el cielo. Sin embargo, ¿qué es el reino de Dios y qué significa orar por su venida?

UNA ORACIÓN RADICAL Y REVOLUCIONARIA

Muy pocas oraciones se graban en la conciencia colectiva. El Padrenuestro es por supuesto una de ellas,

La ORACIÓN QUE REVOLUCIONA AL MUNDO

pero otras, considerablemente más triviales, también se han convertido en artefactos culturales. Por ejemplo, la denominada Oración de la Serenidad: "Dios, concédeme la serenidad para aceptar las cosas que no puedo cambiar, el valor para cambiar las cosas que puedo cambiar, y la sabiduría para conocer la diferencia". Hay una gran polémica en torno a quién escribió primero la Oración de la Serenidad, aunque al parecer el candidato más probable es el teólogo Reinhold Niebuhr.

La Oración de la Serenidad ha gozado de protagonismo desde que fue escrita. Por ejemplo, ha sido adoptada por grupos como los Alcohólicos Anónimos y otras organizaciones humanitarias o de autoayuda. Ha sido exhibida en carteles y pintada en piezas decorativas por todas partes. Incluso la tira cómica *Calvin y Hobbes* hizo una parodia de la oración, quizá logrando una versión superior al describir al pequeño Calvin orando: "Señor, concédeme el valor para cambiar las cosas que puedo cambiar, la incapacidad para aceptar las cosas que no puedo cambiar, y la incapacidad para conocer la diferencia".

En muchos sentidos, la Oración de la Serenidad es la oración modelo para una sociedad poscristiana. No dice nada del carácter de Dios, del grave problema del hombre, de la necesidad de

redención, ni de la naturaleza del evangelio. La
Oración de la Serenidad no es más que una oración
genérica para personas con convicciones religiosas
genéricas.

> *El Padrenuestro es para
> revolucionarios, para hombres
> y mujeres que desean ver los
> reinos de este mundo ceder paso
> al reino de nuestro Señor.*

En cambio, el Padrenuestro es una oración de
gran fuerza doctrinal y profundidad teológica, que
tiene todo menos de serena. El Padrenuestro nada
tiene de insustancial. Por desgracia, el hecho de
que nos resulta familiar a menudo nos ciega para
ver cuán radical, e incluso subversiva, es esta oración. Es una oración para aquellos que se atreven
a sostener que Jesucristo ha inaugurado el reino,
que se ha levantado de los muertos, que reina a la
diestra de Dios y que va a volver para juzgar a los
vivos y a los muertos. El Padrenuestro es para re-
volucionarios, para hombres y mujeres que desean
ver los reinos de este mundo ceder paso al reino de
nuestro Señor.

¿QUÉ ES EL REINO DE DIOS? APRENDAMOS DE LA TRADICIÓN TEOLÓGICA

La Ciudad de Dios de Agustín

Cuando Jesús ora "venga tu reino", ¿qué estaba pidiéndole exactamente al Padre? ¿Qué es el reino de Dios? Esta pregunta es una de las cuestiones teológicas más antiguas y discutidas en la iglesia cristiana. Agustín, el obispo de Hipona del siglo V, trató el tema con lujo de detalle en su obra magistral *La Ciudad de Dios*, que fue escrita después de la caída del Imperio romano. En el período posterior a la Reforma, la tradición luterana desarrolló lo que se conoce como "la teología de los dos reinos", donde analiza las distinciones entre lo que pertenece propiamente al reino del hombre y lo que pertenece propiamente al reino de Dios. Más adelante, en el siglo XIX, los dispensacionalistas clásicos enseñaron que el reino era nada más una realidad futura, que será inaugurada en el reino milenial de Cristo.

Entre los intentos por explicar el reino de Dios, *La Ciudad de Dios* de Agustín ha demostrado ser el más útil y el más acorde con las enseñanzas de las Escrituras. Esta obra nació de las reflexiones de Agustín acerca de la desaparición de la supuesta ciudad eterna, la ciudad de Roma. Agustín trató de responder sin rodeos a la pregunta: "¿debería importarle a la iglesia la caída de Roma, o nos enseña ella que al fin de cuentas la política no importa? ¿tiene alguna relación con el testimonio del evangelio que da la iglesia?". La respuesta de Agustín a estas preguntas fue profundamente *escatológica* en el sentido de que logró entrever la consumación final del plan de Dios. Agustín empleó la metáfora de una ciudad, una *polis*, para describir el reino de Dios y los reinos de este mundo. Basado en la enseñanza de Jesús sobre el primer y el segundo mandamientos principales (Mt. 22:36-40), Agustín sugirió que el cristiano debe entender que hay dos ciudades en el mundo. La primera ciudad es la Ciudad de Dios. Esta ciudad es de Dios no solo porque Él vive allí, sino porque su carácter y su autoridad la definen. Allí, la autoridad soberana de Dios es absoluta y natural. Está ordenada conforme al reino y al dominio de la ley de Dios, la cual demuestra de manera simultánea y en igual medida su justicia, su rectitud, su misericordia y su santidad. Por ende, en la Ciudad de Dios todo es exactamente como Dios quiere. El anhelo de todo cristiano es vivir en esa ciudad.

Por la gracia de Dios y el poder del evangelio, Pablo indicó que nosotros ya fuimos hechos ciudadanos de la Ciudad de Dios (Fil. 3:20). Esta ciudadanía nos es dada mediante la promesa divina, aunque todavía no habitamos allí. Hasta entonces, cada cristiano vive y experimenta una ciudad muy distinta, la Ciudad del hombre. Jesucristo es Señor y soberano supremo, y aun así es paciente y permite a los seres humanos ejercer responsabilidad moral.

Nuestra esperanza no es que los gobiernos de este mundo se transformen en el reino de Dios, sino que el reino de Dios venga del cielo sobre la tierra en poder y en gloria.

Como resultado, la Ciudad del hombre no es como debería ser. A diferencia de la Ciudad de Dios, la Ciudad del hombre se caracteriza por el egoísmo, la impiedad, las disputas y el conflicto. La Ciudad del hombre es provisional, creada y también condicionada. No existe en sus propios términos, si bien como señaló claramente Pablo en Romanos 1, la Ciudad del hombre se niega a reconocer su condición creada y dependiente. Agustín consideró que era crucial entender que la Ciudad de Dios es una realidad venidera que nunca pasa, mientras que la Ciudad del hombre es desde ahora mismo algo pasajero. También advirtió a la iglesia acerca de no confundir la una con la otra. La advertencia es la misma para la iglesia hoy.

Agustín también arguyó que ambas ciudades se caracterizan por un amor primario. El amor del hombre es el que anima la Ciudad del hombre, del mismo modo que el amor de Dios anima la Ciudad de Dios. El problema con el amor que anima la Ciudad del hombre es que es egocéntrico y lleno de ambición egoísta. En otras palabras, en este lado de Génesis 3 solo amamos a quienes pertenecen a nuestra propia tribu, clan, o familia. El amor que anima la Ciudad del hombre no se extiende ni se entrega a los demás. En lugar de eso, se aferra con violencia a lo suyo y protege sus propios intereses.

Con Roma como el modelo de la Ciudad del hombre, las palabras de Agustín resultaron ciertas ante los ojos de la iglesia. La obra de Agustín reveló a la iglesia que incluso cuando Roma estaba en la cima, ya había empezado a desmoronarse porque estaba edificada sobre el amor incorrecto. Por el contrario, la iglesia que aunque parecía débil, ineficaz y desprovista de gloria, fue la única que permaneció porque estaba edificada sobre el verdadero amor de Dios y las cosas de Dios. Si no logramos ver esto claramente, es porque nuestra tendencia es ver *lo pasajero como venidero* y *lo venidero como pasajero*.

La exposición de Agustín de las dos ciudades nos recuerda que el reino de Dios no es parte de los sistemas políticos de este mundo. Ningún gobierno sobre la tierra representa verdaderamente el reino de Dios. Antes bien, los cristianos son ciudadanos de un reino que un día llegará en su gloria consumada.

Nuestra esperanza no es que los gobiernos de este mundo se transformen en el reino de Dios, sino que el reino de Dios venga del cielo sobre la tierra en poder y en gloria.

Estudios evangélicos recientes y una teología bíblica del reino

En el siglo XX, un número de fieles eruditos evangélicos como George Eldon Ladd revitalizaron nuestra comprensión acerca del reino.[1] Demostraron que, en las Escrituras, el reino de Dios debe ser comprendido como algo que ya está aquí en la tierra, aunque todavía no está *completamente* presente. En otras palabras, el reino de Dios ya ha sido *inaugurado* pero todavía no ha sido *consumado*. Como Ladd y otros han señalado, el reino de Dios es en esencia la visión escatológica o el final de la historia del Antiguo Testamento. Los autores del Antiguo Testamento vislumbraron un día en el que Dios enviaría al Mesías para vencer a los enemigos de Israel, establecer el trono de David y reinar en justicia.

Este reino llegó con la venida de Cristo, quien instó a sus oyentes a arrepentirse porque "el reino de los cielos se ha acercado". Los cristianos son ahora parte de ese reino. Como declaró Pablo:

---

1. Ver, por ejemplo, George Eldon Ladd, *The Gospel of the Kingdom* (Grand Rapids: Eerdmans, 1959).

"[Dios] nos ha librado de la potestad de las tinieblas, y trasladado al reino de su amado Hijo" (Col. 1:13). Así, aunque esperamos la expresión completa del reino de Dios que vendrá en gloria y poder con el regreso de Cristo, en este momento vivimos bajo el reino de Dios como su pueblo. Somos ciudadanos de ese reino.

Aun así, la pregunta sigue: "¿Qué es el reino de Dios?". La respuesta se encuentra en la forma como la Biblia habla acerca del reino de Dios en términos de la creación, la caída, la redención y la consumación.

Graeme Goldsworthy ha definido el reino de Dios como "el pueblo de Dios en el lugar de Dios bajo el gobierno y la bendición de Dios".[2] Cada aspecto está presente en la manifestación más antigua del reino de Dios en el huerto de Edén. El pueblo de Dios, Adán y Eva, viven en el lugar de Dios, que es el huerto de Edén, bajo el gobierno y la bendición de Dios. La caída alteró por completo el reino. Adán y Eva fueron expulsados del huerto y ya no pudieron gozar de la bendición de Dios porque se rebelaron contra el gobierno de Dios. De hecho, aparte de la redención, la rebelión es el estado natural de todo hombre. Todos hemos nacido al oriente de Edén,

---

2. Graeme Goldsworthy, *Estrategia divina* (Barcelona: Editorial Clie, 2011).

traidores a la corona, viviendo en lo que Pablo denomina "la potestad de las tinieblas" (Col. 1:13). Sin embargo, Dios no dejó al mundo en tinieblas. En la obra de la redención, Dios continuó la obra de edificar un reino sobre la tierra. De este modo, Dios llamó a Abraham y a sus hijos (el pueblo de Dios) para que fueran luz a las naciones (Is. 42:6; 49:6). Él les prometió la tierra de Canaán (el lugar de Dios) donde podía habitar en medio de ellos en el tabernáculo y más adelante en el templo. Por último, Dios dio a los israelitas su ley y el sistema de sacrificios para que pudieran acercarse a Él (el gobierno y la bendición de Dios). Sin embargo, como todos sabemos, Israel falló en ser y hacer lo que Dios deseaba de ellos. Al igual que Adán, se rebelaron contra Dios. Incluso sus reyes, quienes supuestamente representaban a la nación, fueron rebeldes y malvados y, a menudo, condujeron al pueblo a la adoración de dioses falsos.

Como resultado, Dios envió a Israel al exilio en Babilonia, tal como había expulsado a Adán y Eva del huerto. Pero aún en medio del juicio, los profetas hablaron acerca de un día en el que Dios traería al fin y en toda plenitud su reino del cielo a la tierra. Por ejemplo, Jeremías habló de un día en el que Dios inauguraría un nuevo pacto, cuando la ley ya no sería escrita en tablas de piedra sino en los corazones de las personas. En otras palabras, la ley ya no sería algo por fuera de nosotros (que exige obediencia y condena nuestro fracaso), sino algo que Dios grabaría en nuestros corazones, dándonos el poder de obedecer sus mandamientos. Tal vez ningún pasaje del Antiguo Testamento describe de manera más gráfica esta esperanza de la inauguración del reino de Dios como el pacto davídico, en 2 Samuel 7:8-17:

Ahora, pues, dirás así a mi siervo David: Así ha dicho Jehová de los ejércitos: Yo te tomé del redil, de detrás de las ovejas, para que fueses príncipe sobre mi pueblo, sobre Israel; y he estado contigo en todo cuanto has andado, y delante de ti he destruido a todos tus enemigos, y te he dado nombre grande, como el nombre de los grandes que hay en la tierra. Además, yo fijaré lugar a mi pueblo Israel y lo plantaré, para que habite en su lugar y nunca más sea removido, ni los inicuos le aflijan más, como al principio, desde el día en que puse jueces sobre mi pueblo Israel; y a ti te daré descanso de todos tus enemigos. Asimismo Jehová te hace saber que él te hará casa. Y cuando tus días sean cumplidos, y duermas con tus padres, yo levantaré después de ti a uno de tu linaje, el cual procederá de tus entrañas, y afirmaré su reino. El edificará casa a mi nombre, y yo afirmaré para siempre el trono de su reino. Yo le seré a él padre, y él me será a mí hijo. Y si él hiciere mal, yo le castigaré con vara de hombres, y con azotes de hijos de hombres; pero mi misericordia no se apartará de él como la aparté de Saúl, al cual quité de delante de ti. Y será afirmada tu casa y tu reino para siempre delante de tu rostro, y tu trono será estable eternamente. Conforme a todas estas palabras, y conforme a toda esta visión, así habló Natán a David.

Este pasaje habla del reino venidero (la "casa") que Dios va a edificar. Dios prometió que un descendiente de David tendrá un reino que quedará establecido "eternamente". Si bien Salomón es el hijo inmediato que refiere este pasaje (el que recibe corrección cuando comete iniquidad), el cumplimiento pleno de este pasaje no es otro sino Jesucristo. Como señala con toda claridad Hechos 2, Jesús se sienta en el trono de David y reina sobre el universo. Su reino es incontrovertible y no tiene fin.

El pueblo de Dios está en guerra contra las tinieblas espirituales.

Como he señalado, Jesús vino para anunciar la inauguración del reino. A sus discípulos se les permitió vislumbrar este reino en gloria durante la transfiguración (Mt. 17:2; Mr. 9:2). La obra de Jesús en la cruz es la obra de un rey que ha venido a rescatar a su pueblo. Y después de su resurrección, Jesús declaró que "toda potestad me es dada en el cielo y en la tierra" (Mt. 28:18). La Gran Comisión se basa en la declaración de Jesús de que Él es el Rey sobre el trono de toda la creación. Por consiguiente, en la etapa actual de la historia de la redención, el reino de Dios está conformado por aquellos que creen en Cristo (el pueblo de Dios), que se reúne en las iglesias locales alrededor del mundo (el lugar de Dios), que está bajo la ley de Cristo y participa de un nuevo pacto (el gobierno y la bendición de Dios).

Por supuesto que todavía esperamos el día de la consumación de este reino. En la actualidad, el pueblo de Dios está en guerra contra las tinieblas espirituales. Estamos llevando a cabo una comisión para hacer discípulos del rey y ciudadanos del reino. Y, como es de esperarse, solo podemos llevarla a cabo con gran sufrimiento y tribulación. Así pues, aunque ciertamente estamos en el reino de Dios, todavía esperamos el reino de Dios en su plenitud. Todavía esperamos el cumplimiento de la Gran Comisión. Todavía esperamos la venida del Rey y la destrucción de toda maldad. Anhelamos el día en el que ya no seremos la iglesia militante, sino la iglesia triunfante. Apocalipsis 11:15 describe precisamente lo que sucederá en aquel día de la consumación: "El séptimo ángel tocó la trompeta, y hubo grandes voces en el cielo, que decían: Los reinos del mundo han venido a ser de nuestro Señor y de su Cristo; y él reinará por los siglos de los siglos".

Hay algunas ideas clave que pueden ayudarnos a interpretar la petición "venga tu reino" del Padrenuestro. El reino de Dios es, en esencia, su reino sobre su pueblo para el bien de su pueblo y para su gloria. El reino de Dios no es solo su soberanía absoluta, sino también un reino redentor que transforma los corazones y produce obediencia.

EL REINO VENIDERO

Esto nos lleva a otra pregunta: según las Escrituras, ¿cómo viene el reino de Dios del cielo a la tierra? A lo largo de la historia se han dado muchas respuestas equivocadas y terribles a esta pregunta. Los liberales de principios del siglo XX alegaban que el reino de Dios llegaba por medio de la reforma moral y la justicia social. Esta visión, a veces denominada "el evangelio social" y respaldada por teólogos como Walter Rauschenbusch, consideraba que el reino de Dios era algo que la humanidad misma podía lograr por medio de la acción social.

Los conservadores han errado a veces al pensar que los cristianos pueden inaugurar el reino por medio de la acción política y la influencia cultural. El problema con este modo de pensar es, obviamente, que el reino de Jesús no es de este mundo (Jn. 18:36).

El poder político y la influencia cultural no son irrelevantes, pero nunca pueden cambiar los corazones de los hombres ni proveer el perdón de los pecados. La Biblia enseña que el reino de Dios solo viene cuando el pueblo de Dios predica la Palabra de Dios que, junto con el Espíritu de Dios, producen vida y obediencia. Para usar el lenguaje de Pablo, la Palabra de Dios y el Espíritu cambian los corazones de los pecadores de tal modo que son librados de la potestad de las tinieblas y trasladados al reino de su amado Hijo (Col. 1:13). Como lo expresó Phil Ryken: "El reino viene principalmente por medio de la proclamación, mediante el anuncio de Cristo, del que fue crucificado y es ahora Rey... El único camino para venir al reino de Dios es oír a sus mensajeros proclamar a un rey crucificado".[3]

EL REINO Y EL GOBIERNO DE DIOS: HÁGASE TU VOLUNTAD

Después de enseñar a sus discípulos a pedir la venida del reino de Dios, Jesús les dice que oren: "Hágase

---

3. Phil Ryken, *The Prayer of Our Lord* (Wheaton, IL: Crossway, 2002), p. 39.

tu voluntad". Las Escrituras no usan la expresión "voluntad de Dios" de manera uniforme. Antes bien, como han reconocido los teólogos durante siglos, "la voluntad de Dios" puede usarse de dos maneras diferentes. Primero, las Escrituras pueden hablar de la voluntad de Dios decretada, o lo que podríamos llamar la voluntad soberana de Dios. Cuando las Escrituras hablan de la voluntad de Dios en este sentido, se refieren a su gobierno soberano y absoluto sobre todas las cosas. La única razón por la cual existen todas las cosas es porque fue voluntad de Dios que existieran. De hecho, desde el movimiento del más diminuto grano de arena hasta las acciones políticas de las potencias mundiales, cada suceso en el cosmos está ordenado y dispuesto por el voluntad de Dios. En Efesios 1:11, el apóstol Pablo habló de la voluntad de Dios en este sentido, cuando afirmó que Dios obra "según el designio de su voluntad". Todo lo que ha sido voluntad de Dios se lleva a cabo sin falta.

Todo lo que ha sido voluntad de Dios se lleva a cabo sin falta.

Las Escrituras hablan en casi cada página acerca de la voluntad soberana de Dios. En Génesis 1, Dios creó el cosmos simplemente hablando y queriendo que existiera. Dios demostró su soberanía por encima de los reinos de la tierra e incluso endureció el corazón de faraón a fin de manifestar su gloria rescatando a Israel en el éxodo (Éx. 9:12; 10:20, 27; ver Ro. 9:17-18). Dios mismo proclamó su superioridad sobre todos los dioses falsos de las naciones declarando el dictamen absoluto de su voluntad sobre la creación. En Isaías, Dios dijo que solo Él anunció "lo porvenir desde el principio", y dijo "mi consejo permanecerá, y haré todo lo que quiero" (46:10). En pocas palabras, como exclamó el salmista: "Nuestro Dios está en los cielos; todo lo que quiso ha hecho" (Sal. 115:3).

En segundo lugar, las Escrituras usan la frase "voluntad de Dios" para referirse a los mandamientos de Dios. Los teólogos también se refieren a este uso de la "voluntad de Dios" como la voluntad *revelada* de Dios. La voluntad revelada de Dios enuncia lo que Dios espera de sus criaturas humanas. Por ejemplo, los diez mandamientos son un ejemplo excelente de la voluntad revelada de Dios (Hch. 17:30). Pablo se refirió con toda claridad a la voluntad revelada de Dios en 1 Tesalonicenses 4:3, cuando escribió: "pues la voluntad de Dios es vuestra santificación; que os apartéis de fornicación". En este versículo, Pablo habla claramente de las expectativas de Dios para la humanidad, no simplemente su gobierno soberano sobre todas las cosas.

De modo que la pregunta queda pendiente: ¿en qué sentido Jesús nos enseña acerca de la voluntad de Dios en el Padrenuestro? ¿Está pidiendo Jesús que la voluntad soberana de Dios se haga en la tierra como en el cielo, o se refiere a la voluntad revelada? No es posible que Él hable de la voluntad soberana de Dios, porque la voluntad de Dios ya se hace en el cielo como en la tierra. Como escribió el salmista: "Todo lo que Jehová quiere, lo hace, en los cielos y en la tierra, en los mares y en todos los abismos" (Sal. 135:6). Jesús se refiere claramente a la voluntad revelada de Dios. Él le pide al Padre que transforme los corazones de cada persona de tal modo que Dios sea obedecido y glorificado por los hombres en la tierra, así como los ángeles obedecen y glorifican a Dios en el cielo.

Así pues, en la petición "hágase tu voluntad, como en el cielo, así también en la tierra", Jesús amplía su explicación de lo que significa la venida del reino de Dios desde el cielo a la tierra. Cuando el reino de Dios viene de nuevo sobre el corazón y la vida de los perdidos, ellos empiezan a obedecer a Dios de corazón, así como lo hacen los ángeles en el cielo. En esta era, la era del reino inaugurado, conocemos esa realidad en parte. En la era venidera, la era del reino consumado, experimentaremos esa realidad completamente.

Orar "hágase tu voluntad, como en el cielo, así

también en la tierra" también reorienta nuestro propio sentido de autonomía personal y el sentido de control sobre nuestras vidas y circunstancias. Esta petición nos lleva a abandonar nuestras pretensiones de señorío y soberanía sobre nuestras vidas. Esta petición expresa la renuncia humilde y el anhelo del gobierno y dictamen divinos. Ya no es "mi voluntad", la cual predomina, sino la suya. Como señaló J. I. Packer: "Aquí, más claro que en cualquier otro pasaje, el propósito de la oración queda al desnudo: no obligar a Dios a que haga lo que yo quiero (lo cual es practicar magia), sino ajustar mi voluntad a la suya (lo cual significa practicar la religión verdadera)".[4]

¿QUÉ PEDIMOS EN REALIDAD?

Ahora podemos ver por qué estas dos peticiones son tan radicales. Cuando Jesús pide que venga el reino de Dios, derroca de manera subversiva los reinos de los hombres y los poderes de Satanás. Con ello ruega a Dios que ponga en los corazones de todos los hombres lealtad al verdadero Rey de la creación. Que el reino de Dios venga significa que todos los demás reinos (¡incluido el nuestro!) deben caer en el olvido.

---

4. J. I. Packer, *Praying the Lord's Prayer* (Wheaton, IL: Crossway, 2007), pp. 57-58.

Como han observado muchos eruditos, "el lenguaje del reino" representa siempre subversión de un orden establecido. Siempre que llega un nuevo reino, debe hacerlo como rival de los poderes reinantes del momento. George Arthur Buttrick, que escribió en el siglo pasado, dio fe de este hecho, al señalar que al hombre moderno no le gusta la palabra *reino*. "Tiene cierto gusto a totalitarismo"[5], dijo. Por supuesto, lo que Buttrick reconoció es que el corazón carnal del hombre se niega a ser gobernado por otro que no sea él mismo. En la era moderna hemos domesticado a nuestros reyes y los hemos convertido en poco más que una figura de la prensa o una mascota nacional. En muchas monarquías constitucionales, el monarca solo tiene la responsabilidad de abrir el parlamento y de adornar los sellos de correos.

Que el reino de Dios venga significa que todos los demás reinos (¡incluido el nuestro!) deben caer en el olvido.

Sin embargo, el verdadero reinado no es tan fácil ni inútil. El reino de Cristo es el reino de un verdadero rey: uno que exige lealtad, que va a trastornar el

---

5. George A. Buttrick, *So We Believe So We Pray* (Nueva York: Abingdon-Cokesbury Press, 1951), p. 155.

orden en nuestras vidas, que nos llama a abandonar nuestros propios intereses a cambio de los suyos. De ahí que al orar "venga tu reino", oramos por algo increíblemente peligroso, porque amenaza nuestra comodidad y desvaloriza nuestro bienestar. Al orar "venga tu reino", Jesús nos enseña que debemos valorar por encima de todo la agenda de Dios, no la nuestra. Al darle supremacía al reino de Dios en nuestro corazón, ponemos a un lado nuestros propios intentos insignificantes por alcanzar la gloria personal, para buscar la gloria del Rey Jesús.

Al orar "venga tu reino", Jesús nos enseña que debemos valorar por encima de todo la agenda de Dios, no la nuestra.

Una de las razones por las cuales debemos orar para que Dios haga venir su reino es porque para nosotros resulta imposible. De hecho, solo la gracia soberana de Dios tiene el poder para penetrar las tinieblas y establecer su reino al cambiar los corazones de los pecadores rebeldes. El corazón humano es por naturaleza hostil al reino de Dios, porque éste amenaza nuestro sentido de identidad y compromiso con la glorificación del yo. Como señaló Agustín, los ciudadanos de la Ciudad del hombre están animados por el amor propio. Se niegan y resisten el reino de Dios porque no se ajusta a su agenda. La historia de la iglesia nos ofrece mucho aliento y entendimiento. La proclamación de la iglesia primitiva de la llegada del reino de Dios en Jesucristo suponía un conflicto directo con la adoración al emperador que era la práctica en el culto romano. Declarar que "Jesucristo es Señor" era declarar que César no lo era. De ahí que predicar el reino fuera un acto subversivo. Por tanto, el compromiso cristiano con el señorío de Cristo traducido en la llegada del reino de Dios fue la razón principal por la cual los cristianos fueron perseguidos y asesinados. Los cristianos eran considerados subversivos y traidores, porque no participaban del culto imperial ni aceptaban la deidad del César.

Algo similar sucedió en la Alemania nazi, en la primera mitad del siglo XX. En 1922, el cristianismo público era la norma en Alemania. *Kulturprotestantismus*, lo cual podríamos denominar cristianismo cultural, caracterizaba gran parte de la vida pública. No obstante, hacia 1942 el régimen nazi había suplantado el antiguo cristianismo cultural con una nueva religión: la iglesia evangélica alemana (énfasis en *alemana*), bajo la supervisión de los *Reichsbischofs*. Esta nueva religión del estado, controlada por el régimen nazi y por ende partidaria del mismo, consideraba la declaración "Jesús es Señor" como subversiva al estado. Declarar que Jesús es Señor era afirmar que Hitler no lo era. Como resultado, los creyentes de la iglesia confesional (aquellos que rehusaron incorporarse a la iglesia estatal pro-nazi) podían terminar en un tren hacia Flossenbürg o cualquier otro campo de concentración, por traición.

La rápida desaparición del cristianismo cultural en nuestro tiempo va a significar para los cristianos una situación similar a la de la iglesia primitiva en Roma o la iglesia confesional en la Alemania nazi. Orar por la venida del reino de Dios será considerado cultural y políticamente como algo subversivo. Confesar a Cristo como Rey y esperar que su reino venga en poder supondrá una confrontación directa con la cultura.

En última instancia, la naturaleza radical de esta petición desafía a todas las personas de cualquier tradición teológica. Todos somos culpables de intentar domesticar el reino de tal modo que no perturbe nuestros valores ni trastoque nuestros compromisos. De hecho, no es un problema exclusivo de algunas tradiciones teológicas. Tanto liberales como conservadores son culpables de tratar de domesticar el reino.

Durante décadas, los liberales y teólogos revisionistas han buscado hablar del reino de Dios como algo que podemos construir mediante esfuerzos humanitarios y buenas obras. En este concepto del reino, Dios es poco más que un animador que alienta nuestros esfuerzos. Él no es infinitamente soberano, sino más bien alguien infinitamente recursivo. Su reino no plantea exigencias para nuestras vidas porque, como rey, Él nada más es un monarca desprovisto de poder que se limita a animar a la humanidad a que exprese plenamente sus capacidades.

Naturalmente, los conservadores pueden de igual manera domesticar el reino de Dios confundiendo un partido político o gobierno particular con el reino. Con demasiada frecuencia los cristianos caen presa de la tentación, tan antigua como el emperador romano Constantino, de creer que podemos traer el reino de Dios mediante la fuerza política o algún otro medio sociológico. Pero el reino de Dios no es de este mundo. Como nos enseñó Jesús en esta oración, dependemos de Dios y solo de Él para traer el reino a cada corazón y a cada rincón de la tierra. No podemos fabricar el reino de Dios por medio de nuestros propios esfuerzos. En cambio, estamos llamados a ser fieles a la Gran Comisión, a confiar que Dios, por su gracia soberana y sobrenatural, extenderá su reino redentor a cada tribu, lengua y nación.

Entonces, ¿qué pedimos cuando decimos "venga tu reino"? Pedimos algo maravilloso y a la vez peligroso.

- Oramos porque la historia llegue a su fin.
- Oramos para ver a todas las naciones regocijarse en la gloria de Dios.
- Oramos para ver a Cristo honrado como Rey en cada corazón humano.
- Oramos para ver a Satanás atado, el mal derrotado y el fin de la muerte.
- Oramos para ver la misericordia de Dios manifiesta en la justificación plena y el perdón de los pecadores por medio de la sangre derramada del Cristo crucificado y resucitado.
- Oramos para ver la ira de Dios derramada sobre el pecado.
- Oramos para ver cada rodilla doblada y cada lengua confesando que Jesucristo es el Señor para gloria de Dios Padre.
- Oramos para ver la nueva Jerusalén, un nuevo cielo, una nueva tierra, una nueva creación.

Esta es, ciertamente, una oración radical. No debemos tomar a la ligera esta petición. Antes bien, como hemos visto, esta petición encierra también una gran esperanza. Nuestro Dios vendrá para salvarnos y para llevarnos a experimentar la plenitud de su gracia en la revelación final de su reino. Para tal fin oramos.

CAPÍTULO 5

EL PAN NUESTRO DE CADA DÍA, DÁNOSLO HOY

LA ABUNDANTE PROVISIÓN MATERIAL DE DIOS

MATEO 6:11

En su obra magistral *Institución de la religión cristiana,* Juan Calvino, el reformador del siglo XVI, señaló que nunca podemos conocernos verdaderamente a nosotros mismos si no conocemos primero el carácter de Dios. Como afirmó en sus célebres palabras: "Es cosa evidente que el hombre nunca jamás llega al conocimiento de sí mismo, si primero no contempla el rostro de Dios y, después de haberlo contemplado, desciende a considerarse a sí mismo".[1]

---

1. Juan Calvino, *Institución de la religión cristiana,* tomo 1 (Rijswijk, Países Bajos: Fundación Editorial de Literatura Reformada, 1999), p. 4.

Dios es nuestro punto de partida en toda iniciativa teológica y espiritual. El carácter y la gloria de Dios son nuestro marco de referencia fundamental. Hasta este momento, el Padrenuestro ha revelado mucho acerca del carácter del Padre. Hemos visto que para quienes estamos en Cristo, Dios es un Dios amoroso. Jesús resaltó la trascendencia y la omnipotencia de Dios notando que Él está "en los cielos". Él estableció la dignidad de Dios y el valor de su gloria enseñando que el nombre de Dios debe ser santificado. Por último, Jesús recalcó que Dios es Rey, el Señor soberano que traerá su reino a cada rincón de la tierra.

En efecto, las primeras frases del Padrenuestro pintan un asombroso cuadro de Dios. A la luz de esas verdades, Jesús se dispone a considerar nuestras propias necesidades: "El pan nuestro de cada día, dánoslo hoy". Esto sirve como recordatorio claro e incontrovertible de que nada más somos criaturas, en tanto que Dios es el creador. Estamos necesitados; Dios es el proveedor.

Dios ha diseñado a los seres humanos como criaturas dependientes. A partir del momento del nacimiento, dependemos de la bondad de otros para suplir nuestras necesidades. Necesitamos que nuestros padres nos alimenten, nos vistan, e incluso nos entrenen para dormir. Aun cuando nos hacemos mayores, nuestras necesidades son grandes. Dependemos de otros para relacionarnos. Necesitamos comunidades en las cuales vivir y trabajar. Dependemos del gobierno para que nos brinde seguridad y protección. En otras palabras, no existe tal cosa como "el hombre que se hace a sí mismo". No somos autosuficientes y nos engañamos si creemos que podemos ser verdaderamente independientes de los demás. Lutero aludió al hecho de que nuestras necesidades físicas nos recuerdan que no somos más que criaturas hechas de polvo. Nuestra vida es frágil, delicada y enteramente dependiente de la bondad de Dios.

No somos autosuficientes y nos engañamos si creemos que podemos ser verdaderamente independientes de los demás.

La petición "el pan nuestro de cada día, dánoslo hoy" nos recuerda nuestra dependencia de Dios inclusive para las necesidades más fundamentales de la vida. El contraste con la descripción de Dios en la oración que acabamos de ver es impresionante. Él es glorioso, santo, está en los cielos y es omnipotente. Nosotros, por el contrario, somos incapaces siquiera de conseguir el sustento básico sin su ayuda. Así pues, con estas palabras Jesús nos enseña a exaltar a Dios al tiempo que nos humillamos. El hilo conductor de la centralidad de Dios en la oración sigue presente. El orgullo humano no tiene cabida delante del trono de Dios.

LA PERSPECTIVA BÍBLICA DE LAS NECESIDADES FÍSICAS

Dependemos de Dios. Aun antes de la caída, los humanos necesitaban que Dios les proveyera lo necesario. Adán necesitaba que Dios le proveyera a Eva a fin de suplir su necesidad de compañía. Adán y Eva podían cuidar el huerto, pero solo Dios podía hacerlo crecer. El pecado no generó nuestra dependencia; somos dependientes simplemente porque somos criaturas.

A pesar de que Adán y Eva eran dependientes antes de la caída, su única experiencia fue de superabundancia. Nunca conocieron un solo día de escasez. Sin embargo, después de la caída, su experiencia fue muy diferente, como lo es para nosotros hoy. Nuestra experiencia por defecto ya no es la abundancia sino la escasez. Debemos producir alimento con el sudor de nuestra frente, y su existencia es incierta. Por este motivo, después de la caída nos hemos vuelto aún más dependientes de Dios para tener el sustento diario. Ya no somos simples criaturas que necesitan provisión; somos pecadores que necesitan la misericordia de Dios. En Cristo llegamos a entender el carácter de Dios y podemos confiar en que Dios proveerá lo que necesitamos. Como Jesús nos enseñó en esta misma oración, Dios es nuestro "Padre" celestial. Como Padre, Él vela por nuestras necesidades físicas. Jesús reiteró este punto en Mateo 7:9-11:

> ¿Qué hombre hay de vosotros, que si su hijo le pide pan, le dará una piedra? ¿O si le pide un pescado, le dará una serpiente? Pues si vosotros, siendo malos, sabéis dar buenas dádivas a vuestros hijos, ¿cuánto más vuestro Padre que está en los cielos dará buenas cosas a los que le pidan?

LA DIGNIDAD DEL CUERPO Y DE LAS NECESIDADES FÍSICAS

En el Padrenuestro, el eje central de Jesús ha sido hasta este momento la grandeza y la magnificencia de Dios. No obstante, con las palabras "el pan nuestro de cada día, dánoslo hoy", Él desciende de las nubes en el cielo a las pruebas y preocupaciones de nuestras calles polvorientas y de nuestras cocinas mugrientas. Él rechaza profundamente cualquier idea que desvaloriza el cuerpo o considera las necesidades físicas como poco espirituales e incluso pecaminosas. Pablo se refirió a esta clase de personas como quienes "prohibirán casarse, y mandarán abstenerse de alimentos que Dios creó para que con acción de gracias participasen de ellos los creyentes y los que han conocido la verdad" (1 Ti. 4:3).

Nuestra vida no se divide entre las actividades espirituales y las actividades terrenales. Antes bien, cada actividad debe vivirse para la gloria de Dios.

No debe sorprendernos el pragmatismo de esta parte de la oración de Jesús. Al Padre no solo le interesan las cosas grandes, como el avance de su reino en el mundo, sino también las pequeñas, como alimentar a sus hijos. Además, Jesús muestra que la totalidad de la vida ha de vivirse delante del rostro de Dios. Nuestra vida no se divide entre las actividades espirituales y las actividades terrenales. Antes bien, cada actividad debe vivirse para la gloria de Dios. Incluso nuestros apetitos deben traerse delante del trono de gracia. J. I. Packer expresó bellamente este punto:

La Biblia se opone a todo ascetismo de cara demacrada afirmando que si alguien goza de salud, buen apetito, agilidad física y la vida matrimonial tal como se le ha dado y permitido, debe disfrutarlos al máximo deleitándose en ello. Tal deleite es (no totalmente, sino) parte de nuestro deber y de nuestro servicio a Dios, porque sin ello seríamos simplemente ingratos, habiendo recibido buenos dones. Como dijo Escrutopo (con indignación): "En el fondo, Él es un hedonista": Dios valora el placer, y su placer consiste en dar placer. Bien dicen algunos rabinos que en el juicio Dios nos reprochará cada placer que Él nos ofreció y nosotros despreciamos. Con todo, ¿sabemos cómo darnos placer, aun físicamente, para la gloria de Dios?[2]

Por desgracia, a menudo no reconocemos cuánta dignidad revisten nuestras necesidades físicas hasta que experimentamos escasez y privación extremas. El teólogo alemán Helmut Thielicke describió una vez los horrores de la Segunda Guerra Mundial, y explicó que una de las realidades más horrendas de la guerra era la precariedad y la inanición. Recordó a sus lectores que nunca deberíamos menospreciar las necesidades físicas, y añadió que la teología de la hiperespiritualidad que niega las necesidades físicas

---

2. J. I. Packer, *Praying the Lord's Prayer* (Wheaton, IL: Crossway, 2007), p. 73.

nunca ha experimentado en carne propia los horrores de la indigencia. Thielicke tiene razón. Quienes creen que proveer u orar por las necesidades físicas es algo indigno, nunca han visto con sus ojos a refugiados que huyen de una zona de guerra con nada más aparte de la ropa que llevan puesta.[3]

Quienes creen que proveer u orar por las necesidades físicas es algo indigno, nunca han visto con sus ojos a refugiados que huyen de una zona de guerra con nada más aparte de la ropa que llevan puesta.

Jesús dignifica nuestras necesidades físicas enseñándonos a pedir a Dios aquellas cosas que parecen tan insignificantes como la comida en nuestro plato. Puede que hayas oído la cita que suele atribuirse a Samuel Johnson: "El que niega el estómago no tardará en pensar nada más sino en el estómago". Como todos sabemos, entre más nos esforzamos por negar la necesidad de alimento, más urgente se vuelve esa necesidad.

---

3. Helmut Thielicke, *Our Heavenly Father: Sermons on the Lord's Prayer* (Nueva York: Harper & Row, 1960), pp. 77-89.

Dios nos creó como criaturas corpóreas con necesidades físicas tales como alimento, agua y abrigo. Además, Él dio su bendición sobre el mundo físico cuando llamó "bueno" a todo lo que había creado. El alimento, si se recibe correctamente, funciona como un recordatorio constante de la grandeza de Dios y de nuestra necesidad de su bondad y provisión. A diferencia de nosotros, Dios nunca sufrirá hambre ni necesitará sustento. Por otro lado, los seres humanos necesitamos una provisión constante. Dios nos hizo de ese modo para que dependamos de su providencia y bondad, y para recordarnos a diario que no somos dueños de nuestro destino. Solamente Él lo es. Como nos lo recuerda el antiguo himno: "Señor, te necesito"; lo necesitamos cada día, cada hora. El hambre que sentimos varias veces al día nos sirve como recordatorio de esa verdad.

Jesús destaca nuestra dependencia constante de Dios al enseñarnos a orar por nuestro pan "de cada día". Esta expresión muestra que no debemos orar por riquezas y opulencia, sino solo por las necesidades del día. Asimismo, esta expresión nos enseña a orar cada día por nuestras necesidades, a buscar la provisión de Dios para nuestra vida a cada instante. En síntesis, la expresión *de cada día* nos enseña a entrenar nuestros corazones para depender de Dios todo el tiempo, en lugar de hacerlo únicamente en tiempos de necesidad.

UNA ILUSTRACIÓN DEL
ANTIGUO TESTAMENTO

El relato del peregrinaje del pueblo de Israel en el desierto nos brinda una ilustración provechosa de cómo Dios vela por las necesidades cotidianas de su pueblo. En Éxodo 16:4-7, el Señor dijo a Moisés que proveería pan del cielo con la condición de que solo recogieran lo suficiente para suplir sus necesidades de un día, excepto la doble porción del sábado para evitar trabajar en el día de reposo.

El Señor quería que los israelitas recolectaran la porción de un día para "probarlos" (Éx. 16:4). Aun en el desierto, vemos que el Señor enseñó a su pueblo a depender de Él para tener la provisión diaria para las necesidades más básicas y, naturalmente, para no confiar en ellos mismos.

Con todo y que los israelitas murmuraron contra la provisión de pan de Dios, Él en su gracia siguió dándoles provisión. Éxodo 16:11-18 declara que en la noche, codornices "cubrieron el campamento", y en la mañana el pueblo estaría lleno de pan. Los versículos 17-18 indican que la provisión de Dios era perfecta para cada persona que había recolectado pan. Como dice el versículo 18, "no sobró al que había recogido mucho, ni faltó al que había recogido poco; cada uno recogió conforme a lo que había de comer".

Estos pasajes indican la provisión amorosa que Dios en su gracia dio su pueblo, aun para un pueblo que se caracterizaba por el pecado y la queja. Las últimas palabras confirman el carácter de la provisión de Dios: "no sobró al que había recogido mucho, ni faltó al que había recogido poco; cada uno recogió conforme a lo que había de comer". En otras palabras, la provisión de Dios para cada familia correspondió a su necesidad. La provisión de Dios fue perfectamente suficiente para cada caso particular. Lo mismo es cierto hoy para el pueblo de Dios del nuevo pacto. Puede ser que nunca tengamos muchas riquezas, pero podemos confiar en que Dios proveerá para nosotros, a pesar de que a veces su percepción de lo que más necesitamos sea diferente de la nuestra. Cuando Israel llegó a la frontera de Canaán al cabo de cuarenta años de peregrinaje, Moisés pudo mirar a la congregación y decir: "Tu vestido nunca se envejeció sobre ti, ni el pie se te ha hinchado en estos cuarenta años" (Dt. 8:4). La provisión de Dios no solo suplió las necesidades del día, sino las necesidades de *cada* día a todo lo largo del recorrido. Al igual que los israelitas, cuando al fin estemos a las puertas de la Canaán celestial, podremos mirar hacia atrás lo que fue nuestra vida y afirmar estas mismas verdades. A veces puede que Dios no provea para nuestras necesidades como mejor nos *parece.* Sin embargo, siempre descubriremos que Él provee para nosotros conforme a su amor y cuidado infinitos.

PAN DE LA TIERRA, PAN DEL CIELO: ECOS DE ETERNIDAD EN LA PETICIÓN DE PAN DE JESÚS

Antes de pasar a otra parte de la oración, debemos notar que, de forma tangencial, esta petición por el pan también nos recuerda nuestra necesidad diaria del Señor Jesús. En Deuteronomio 8:3, Moisés les recordó a los israelitas que la razón por la cual Dios permitió que tuvieran hambre durante un tiempo antes de proveerles maná, era que pudieran aprender que "no sólo de pan vivirá el hombre, mas de todo lo que sale de la boca de Jehová vivirá el hombre". Este pasaje nos enseña que Dios designó las necesidades físicas para señalar nuestras necesidades espirituales, que son más profundas. Nuestra necesidad de sustento físico es un eco sutil de nuestra necesidad diaria de sustento espiritual y de su satisfacción, la cual viene de Dios. Esto fue cierto para Israel en la antigüedad y es cierto para los cristianos hoy. La única manera como podemos deleitarnos en la bondad de la provisión de Dios es vivir conforme a lo que sale de la boca de Dios.

*Nuestra necesidad de sustento físico
es un eco sutil de nuestra necesidad
diaria de sustento espiritual.*

Por eso Jesús se refirió a Sí mismo como "el pan de vida", el verdadero maná enviado del cielo (Jn. 6:35). Él es la provisión suprema de Dios para nuestra vida espiritual. Cada día, cuando oramos por nuestro pan diario, debemos recordar nuestra necesidad diaria de que Cristo perdone nuestros pecados y nos capacite para obedecer. Cada día que oramos por el pan, debemos reconocer nuestra necesidad más profunda del pan de vida, el único que en verdad puede satisfacer.

CAPÍTULO 6

PERDÓNANOS
NUESTRAS DEUDAS

LA ORACIÓN DEL PUEBLO DE DIOS DEL NUEVO PACTO

MATEO 6:12

EL FUNDAMENTO DEL PADRE NUESTRO EN EL EVANGELIO

Somos una nación de deudores. Millones de jóvenes se encuentran al borde de la bancarrota con deudas de tarjeta de crédito que son imposibles de pagar y que con el paso de cada mes acumulan más intereses. El problema de las deudas educativas, que a menudo alcanzan los cientos de miles de dólares, se ha convertido en una crisis nacional. Incluso el gobierno federal está endeudado, con una deuda que asciende a los billones de dólares.

Aun así, muchos estadounidenses consideran la deuda apenas como una molestia, mientras que, en el mundo antiguo, la deuda se castigaba con cárcel. En el Imperio romano, las prisiones, por lo general, no estaban llenas de criminales, sino de deudores.

La mayoría de los criminales convictos eran ejecutados o forzados a pagar otro tipo de castigo por sus crímenes, pero aquellos que no podían cumplir con sus pagos eran encarcelados hasta que pagaran lo que debían. Este sistema estaba diseñado para presionar a las familias de las personas encarceladas para que encontraran el dinero necesario para pagar sus deudas y así liberar a su ser querido de la cárcel. Por tanto, en el Imperio romano una deuda suponía generalmente un gran sufrimiento y era una tragedia para el individuo y su familia. En nuestros días, experimentamos frustración y ansiedad por las deudas, pero en los días de Jesús las deudas eran una cuestión de vida o muerte. Este es el contexto en el cual Jesús nos enseña a orar "perdónanos nuestras deudas, como también nosotros perdonamos a nuestros deudores". Jesús usó la palabra *deudas* para evocar en nuestra mente tanto una ofensa grave como el castigo severo que le corresponde. Ser perdonado de una deuda no era algo insignificante, sino un acto de misericordia extravagante.

Si la petición "el pan nuestro de cada día, dánoslo hoy" hace hincapié en nuestra necesidad física más urgente, la petición "perdónanos nuestras deudas" lo hace en nuestra necesidad espiritual más urgente. Decir que tenemos una deuda con Dios significa que hemos fallado en darle la obediencia que a Él le corresponde y merece. Nosotros debemos a

Dios nuestra obediencia y hemos fallado en pagar. Por tanto, como pecadores, estamos delante de Dios condenados y legítimamente merecemos su justa ira. Solo el perdón de Dios puede quitar nuestra culpa y establecer una relación satisfactoria entre Dios y nosotros.

Esta petición nos recuerda que el Padrenuestro no es una oración informal para el religioso genérico. Es una oración del evangelio. Solo podemos pronunciar estas palabras y elevar estas peticiones a Dios sobre la base de la obra expiatoria y consumada de Jesucristo. Efectivamente, esta petición demuestra que la piedra angular del Padrenuestro es nada menos que el evangelio. Solo tenemos derecho a orar el Padrenuestro cuando reconocemos que somos profundamente pecadores y que solo la gracia de Dios en Cristo puede curar nuestra alma.

EL VERDADERO EVANGELIO

La lógica de esta petición particular en el Padrenuestro ha sido malinterpretada con tanta frecuencia que nos conviene recordar lo que las Escrituras enseñan acerca del evangelio. Nada es más central en el mensaje de las Escrituras que el evangelio. Si erramos en este punto, erramos en todos los demás. Muchos intérpretes creen que Jesús dice aquí que Dios solo nos perdona cuando nosotros nos *ganamos* su perdón al perdonar a otros. Nada podría estar más lejos de la verdad. De hecho, esta petición no dice "perdónanos nuestras deudas *porque* nosotros perdonamos a nuestros deudores", sino "perdónanos nuestras deudas, como también nosotros perdonamos a nuestros deudores". La diferencia entre esas dos frases, como veremos, es la diferencia entre el evangelio de Jesucristo y la ausencia absoluta de evangelio.

Solo tenemos derecho a orar el Padrenuestro cuando reconocemos que somos profundamente pecadores y que solo la gracia de Dios en Cristo puede curar nuestra alma.

La totalidad y la esencia del evangelio consisten en que un Dios justo y recto debe exigir el castigo completo por nuestro pecado, siendo Él mismo quien *exige* la sanción y al mismo tiempo la *provee*. Dios se puso en nuestro lugar por medio de su Hijo y, por su obediencia perfecta y expiación consumada en la cruz, compró todo lo que necesitábamos para la salvación. Jesucristo cumplió con todos los requerimientos de la rectitud y la justicia de Dios por cuenta de nuestro pecado.

En 2 Corintios 5:21, Pablo resumió la obra de

Cristo: "Al que no conoció pecado, por nosotros lo hizo pecado, para que nosotros fuésemos hechos justicia de Dios en él". Cristo es nuestro sustituto, y su vida fue sacrificada por nuestro pecado para que la ira de Dios contra nosotros fuera quitada.

Entonces ¿cómo nos beneficiamos del sacrificio de Cristo a nuestro favor? Pablo respondió que no ganamos la justicia de Dios en Cristo, sino que la recibimos gratuitamente cuando creemos el evangelio: "por cuanto todos pecaron, y están destituidos de la gloria de Dios, siendo justificados gratuitamente por su gracia, mediante la redención que es en Cristo Jesús" (Ro. 3:23-24). Ciertamente que nada que haya en nosotros o que logremos en nuestra capacidad es razón para que Dios nos acepte. Antes bien, Pablo deja claro: "mas al que no obra, sino cree en aquel que justifica al impío, su fe le es contada por justicia" (Ro. 4:5).

El evangelio humilla cualquier orgullo humano y destruye cualquier noción de justicia propia. No venimos delante del trono de gracia para presentar a Dios nuestras supuestas buenas obras. En cambio, nos aferramos al sacrificio y a la justicia de Cristo con la mano vacía de la fe. Como declara el antiguo himno "Roca eterna", "nada en mis manos traigo, solo a la cruz me aferro".

Sin embargo, después que creemos en Cristo, ya no vivimos y actuamos como solíamos hacerlo antes de confiar en Él. La verdadera conversión está marcada de ahí en adelante por el arrepentimiento y una vida nueva de santidad. Dios no solo perdona nuestros pecados, sino que también nos da una vida nueva que responde a su Palabra y que experimenta nuevos deseos por las cosas de Dios. Como nos recuerda el autor de Hebreos, cuando hemos entrado en el nuevo pacto, Dios escribe su ley en nuestras mentes y en nuestros corazones (He. 8:10), e incluso pone su Espíritu en nuestro interior (Ez. 36:26). Las buenas obras siempre acompañan la verdadera salvación, pero son el fruto de la salvación, no la raíz de ella.

En términos teológicos, la santificación *siempre* resulta de la justificación. Esto significa que cuando Dios salva a un pecador, siempre conformará a esa persona a la imagen de Cristo (Ro. 8:28-30). Pablo condensa esta descripción general del evangelio en Efesios 2:8-10:

> Porque por gracia sois salvos por medio de la fe; y esto no de vosotros, pues es don de Dios; no por obras, para que nadie se gloríe. Porque somos hechura suya, creados en Cristo Jesús para buenas obras, las cuales Dios preparó de antemano para que anduviésemos en ellas.

El apóstol fue muy claro. Somos salvos solamente por la fe en la obra de Cristo. Todo esto procede de la gracia de Dios. Sin embargo, no somos librados del castigo del pecado nada más; también somos librados del poder del pecado. Si bien nuestra salvación no es "producto de las obras", Pablo señala que sí *produce* obras, las cuales Dios preparó de antemano para que andemos en ellas. La descripción del evangelio es en verdad asombrosa. Somos salvos solo por la gracia, solo por medio de la fe y solo la fe en Cristo y, como resultado, somos transformados en la imagen de Cristo (2 Co. 3:18). Ciertamente nuestra salvación entera proclama la gloria inefable de Dios.

LA TEOLOGÍA DEL EVANGELIO DE "PERDÓNANOS NUESTRAS DEUDAS"

La petición "perdónanos nuestras deudas, como también nosotros perdonamos a nuestros deudores" condensa toda la teología de la sección anterior. Esta petición es una cartilla en miniatura del evangelio. En primer lugar, establece que somos pecadores y que necesitamos perdón. Jesús identifica nuestro problema espiritual más profundo y apremiante, que es nada menos que la rebelión personal en contra de un Dios santo. Nuestro problema espiritual fundamental no es la falta de educación, la falta de oportunidades, la imposibilidad de expresarnos, ni nuestras necesidades sociales insatisfechas. Nuestro problema es el pecado. Hemos transgredido la ley de

Dios y hemos rechazado sus mandamientos. Como resultado, necesitamos su perdón.

Lo único que rebasa nuestra necesidad constante de perdón es la determinación de Dios de perdonar nuestro pecado.

En segundo lugar, Jesús nos enseña no solo que hemos pecado, sino también que tenemos la esperanza del perdón. Es fácil no darse cuenta de cuán osadas son, en realidad, estas palabras de Jesús. Jesús está enseñando a pecadores, rebeldes contra Dios, a que se atrevan a acercarse al trono de Dios, un trono establecido en justicia y santidad, y pedir perdón. Lo único que puede dar cuenta de esta osadía es el evangelio de Jesucristo. Solo la obra de Cristo a favor de los pecadores puede dar licencia a un pecador para presentarse delante del trono del Dios santo para pedirle que perdone sus deudas. Solo quienes tienen su corazón puesto en el Señor Jesucristo y en su obra expiatoria en la cruz pueden apelar a la misericordia y la redención de Dios.

En tercer lugar, vemos en este pasaje que Dios está dispuesto a perdonarnos. Al enseñarnos a orar de esta manera, Jesús da a entender que Dios desea perdonar nuestro pecado. Las Escrituras señalan esto reiteradamente:

> [Dios] quiere que todos los hombres sean salvos y vengan al conocimiento de la verdad (1 Ti. 2:4).

> El Señor no retarda su promesa, según algunos la tienen por tardanza, sino que es paciente para con nosotros, no queriendo que ninguno perezca, sino que todos procedan al arrepentimiento (2 P. 3:9).

> ¿Quiero yo la muerte del impío? dice Jehová el Señor. ¿No vivirá, si se apartare de sus caminos? (Ez. 18:23).

En efecto, lo único que rebasa nuestra necesidad constante de perdón es la determinación de Dios de perdonar nuestro pecado. Como dijo Richard Sibbes en sus célebres palabras: "Hay más misericordia en Cristo que pecado en nosotros".[1] La concisa máxima de Sibbes no es más que una síntesis de las enseñanzas de los apóstoles. El apóstol Pablo expuso lo mismo en su primera epístola:

> Si decimos que no tenemos pecado, nos engañamos a nosotros mismos, y la verdad no está en

---

1. Richard Sibbes, *The Bruised Reed* (Zeeland, MI: Reformed Church Publications, 2015), p. 16.

nosotros. Si confesamos nuestros pecados, él es fiel y justo para perdonar nuestros pecados, y limpiarnos de toda maldad. Si decimos que no hemos pecado, le hacemos a él mentiroso, y su palabra no está en nosotros (1 Jn. 1:8-10).

Por último, esta petición demuestra el carácter relacional del reino de Dios. El Padrenuestro se trata, en última instancia, de la llegada del reino de Dios y del carácter de sus miembros. Esta petición es otro recordatorio de que el reino de Cristo es radicalmente opuesto a los reinos de este mundo. Los ciudadanos de los reinos terrenales están comprometidos primordialmente consigo mismos y con su propio poder, y se caracterizan por la ambición egoísta, la autopromoción y la crueldad. El verdadero perdón no tiene asidero en los reinos humanos. No obstante, los ciudadanos del reino de Dios se caracterizan por la misericordia, la bondad, la compasión y el perdón. Estamos incluidos en el reino de Dios solo mediante este acto de perdonarnos y, como resultado, somos nosotros quienes se perdonan los unos a los otros, aun cuando podríamos desear que fuera de otra manera. En el reino de Dios no hay lugar para el rencor y la amargura. El Rey mismo nos hace ciudadanos perdonándonos y, por ende, los ciudadanos del reino se perdonan mutuamente.

Si alguna vez te has sentido tentado a pensar

que el evangelio está ausente en el Padrenuestro, ¡piénsalo bien! Esta petición solo tiene sentido en el contexto de la provisión de Dios para nosotros. Al ponernos de acuerdo con Dios en que somos pecadores y arrepentirnos de ese pecado pidiendo perdón, Dios cancela nuestras deudas en virtud de la obra de Cristo por nosotros.

En el reino de Dios no hay lugar para el rencor y la amargura... los ciudadanos del reino se perdonan mutuamente.

Si esto no nos asombra, estamos demasiado acostumbrados al evangelio y a la gloria de la gracia de Dios. La misericordia extravagante de Dios manifiesta en esta petición debería estar en nuestros labios y en nuestros corazones cada día. Cuando reconocemos que somos deudores, nos vemos como somos realmente, mendigos en el trono de gracia. Martín Lutero, el gran reformador del siglo XVI, sin duda entendió y se deleitó en esta verdad. Cuando Lutero estaba a punto de morir, sus últimos minutos se caracterizaron por el delirio y momentos intermitentes de consciencia y de pérdida de la misma. Sin embargo, en el último momento de lucidez, Lutero dijo (en una mezcla de alemán y latín): "*Wir sind bettler. Hoc est verum*", lo cual quiere decir: "Somos mendigos. Esto es verdad".

DE PERDONADO A PERDONADOR: EL PODER TRANSFORMADOR DEL PERDÓN DE DIOS

Jesús no solo nos enseña a pedir perdón a Dios, sino también que Dios nos perdona *así como* nosotros perdonamos a nuestros deudores. Ahora bien, debemos ser muy cuidadosos con esta frase para que no la interpretemos como algo que Jesús no tenía la intención de afirmar. Definitivamente, Jesús no está diciendo que somos perdonados por Dios *porque* hemos perdonado a otros. Eso daría motivos para afirmar que nuestra aceptación ante Dios se basa en nuestras propias obras y no en su gracia. Las Escrituras son muy claras en afirmar que somos justificados ante Dios únicamente por la fe, no por las obras de la ley.

Es sencillamente imposible experimentar la riqueza de la gracia de Dios y seguir siendo una persona obstinada, testaruda e insensible.

Lo que Jesús afirma en estas palabras es que cuando experimentamos el perdón de Dios, somos transformados en nuestro interior para volvernos personas perdonadoras. En otras palabras, una manera de constatar si hemos experimentado el perdón de Dios, es ver si nos hemos convertido en personas que perdonan a otros. Es sencillamente imposible experimentar la riqueza de la gracia de Dios y seguir siendo una persona obstinada, testaruda e insensible. Quienes verdaderamente conocen el perdón de los pecados, perdonan a los demás.

Jesús subrayó este punto en varias ocasiones a lo largo de su ministerio:

> Entonces se le acercó Pedro y le dijo: Señor, ¿cuántas veces perdonaré a mi hermano que peque contra mí? ¿Hasta siete? Jesús le dijo: No te digo hasta siete, sino aun hasta setenta veces siete (Mt. 18:21-22).

> No juzguéis, y no seréis juzgados; no condenéis, y no seréis condenados; perdonad, y seréis perdonados (Lc. 6:37).

> Mirad por vosotros mismos. Si tu hermano pecare contra ti, repréndele; y si se arrepintiere, perdónale. Y si siete veces al día pecare contra

ti, y siete veces al día volviere a ti, diciendo: Me arrepiento; perdónale (Lc. 17:3-4).

De hecho, una de las parábolas más conocidas de Jesús, la parábola del siervo que no perdona, se centra en el principio del perdón y explica por qué los que han sido perdonados son asimismo perdonadores.

Por lo cual el reino de los cielos es semejante a un rey que quiso hacer cuentas con sus siervos. Y comenzando a hacer cuentas, le fue presentado uno que le debía diez mil talentos. A éste, como no pudo pagar, ordenó su señor venderle, y a su mujer e hijos, y todo lo que tenía, para que se le pagase la deuda. Entonces aquel siervo, postrado, le suplicaba, diciendo: Señor, ten paciencia conmigo, y yo te lo pagaré todo. El señor de aquel siervo, movido a misericordia, le soltó y le perdonó la deuda. Pero saliendo aquel siervo, halló a uno de sus consiervos, que le debía cien denarios; y asiendo de él, le ahogaba, diciendo: Págame lo que me debes. Entonces su consiervo, postrándose a sus pies, le rogaba diciendo: Ten paciencia conmigo, y yo te lo pagaré todo. Mas él no quiso, sino fue y le echó en la cárcel, hasta que pagase la deuda. Viendo sus consiervos lo que pasaba, se entristecieron mucho, y fueron y refirieron a su señor todo lo que había pasado. Entonces, llamándole su señor, le dijo: Siervo malvado, toda aquella deuda te perdoné, porque me rogaste. ¿No debías tú también tener misericordia de tu consiervo, como yo tuve misericordia de ti? Entonces su señor, enojado, le entregó a los verdugos, hasta que pagase todo lo que le debía. Así también mi Padre celestial hará con vosotros si no perdonáis de todo corazón cada uno a su hermano sus ofensas (Mt. 18:23-35).

Las palabras de Jesús acerca del perdón son claras. Si no perdonamos a los demás, no seremos perdonados. Vuelvo a reiterar que el fundamento de nuestro perdón nunca son nuestras propias obras. Sin embargo, el perdón es una evidencia necesaria de que hemos recibido perdón. Si no perdonamos, no seremos perdonados. Los corazones endurecidos no tienen lugar en el reino de Dios. La razón, por supuesto, es que el Rey mismo es un rey perdonador. Así como él nos perdona cuando nos rebelamos contra Él, los ciudadanos del reino de Dios se perdonan los unos a los otros.

CAPÍTULO 7

NO NOS METAS
EN TENTACIÓN

COMBATIR AL ENEMIGO POR MEDIO DE LA ORACIÓN

MATEO 6:13

Cuando era niño me fascinaba ir de campamento. Para un niño de doce años los viajes de campamento tienen muchos ingredientes emocionantes, uno de los cuales es pasar un día entero por fuera sin supervisión materna. Recuerdo muy bien cómo mi padre me ayudaba a preparar mis salidas de campamento. Él empacaba salchichas, frijoles enlatados y galletas de avena. Era una dieta ideal para un niño de doce años.

En un viaje particular recuerdo que jugaba con amigos en un campo de palma abandonado. Corrimos hasta el agotamiento, y ahora me doy cuenta de que ese era el plan del jefe de exploradores. Después de un largo día, al fin nos metimos a las tiendas y nos quedamos dormidos. La mañana siguiente nos despertamos con el ruido de tres disparos de bala. Salimos corriendo de nuestras tiendas, y encontramos al coronel Mack Geiger, uno de los líderes laicos de la iglesia, que colocaba tres enormes serpientes cascabel encima de su jeep. Cuando le preguntamos en qué lugar les había disparado, él señaló los arbustos, las mismas palmas donde habíamos estado jugando la noche anterior, felices e inconscientes del peligro cercano.

LA ILUSIÓN DEL DISCIPULADO CRISTIANO LIBRE DE ENEMIGOS

Nos agrada pensar que el mundo es un lugar seguro, pero no lo es. El mundo es un lugar tremendamente peligroso. Nos gusta imaginar que el mal está lejos, pero como revelan los titulares, el mal siempre está al acecho. Incluso cuando no vemos ningún enemigo, existen amenazas invisibles como gérmenes, virus, bacterias y toxinas por todas partes. Si somos sinceros, sabemos que el peligro puede surgir en cualquier circunstancia.

Los cristianos deben reconocer esta verdad particularmente en lo que respecta a nuestra vida espiritual. La Biblia enseña claramente que el diablo y sus demonios son reales y que estos enemigos invisibles están resueltos a destruir nuestra vida espiritual. Sin embargo, muchos evangélicos rara vez meditan o viven, si acaso lo hacen, a la luz de esta verdad. Algunos cristianos evitan cualquier discusión sobre fuerzas demoniacas como una reacción exagerada a los fanáticos que están obsesionados con los espíritus malignos y ven al diablo en todas partes. Aun así, otros cristianos temen que si empezamos a hablar demasiado acerca del diablo, terminaremos comprometiendo nuestra responsabilidad personal por nuestro pecado.

La Biblia enseña claramente que el diablo y sus demonios son reales y que estos enemigos invisibles están resueltos a destruir nuestra vida espiritual.

C. S. Lewis observó el mismo fenómeno en su obra clásica *Cartas del diablo a su sobrino*. Como explicó Lewis, la humanidad tiende a irse a los extremos cuando se trata de pensar acerca de las fuerzas demoniacas.

En lo que se refiere a los diablos, la raza humana puede caer en dos errores iguales y de signo

opuesto. Uno consiste en no creer en su existencia. El otro, en creer en los diablos y sentir un
interés excesivo y malsano. Los diablos se sienten
igualmente halagados por ambos errores, y aco-
gen co idéntico entusiasmo a un materialista que
a un hechicero.[1]

El objetivo de este capítulo es no caer en ninguno de estos extremos. Ciertamente el diablo y sus
demonios no se esconden detrás de cada esquina de
nuestra vida, ni son responsables de cada problema
espiritual que ocurre. Al mismo tiempo, la Biblia nos
advierte claramente acerca de las potestades demoniacas y nos anima a ser diligentes y constantes en
resistir su influencia.

Por desgracia, muchos cristianos se duermen
en los laureles en asuntos de guerra espiritual. Si
los cristianos realmente abrazaran la enseñanza bíblica acerca de los poderes demoniacos, iríamos a
la iglesia sobrecogidos por el hecho de que Dios nos
ha rescatado de la potestad de las tinieblas. Como
observó Søren Kierkegaard acerca de la iglesia da-
nesa en su generación, la mayoría se sentaban en la
iglesia, escuchaban con sus manos cruzadas sobre el
regazo, y dirigían sus ojos adormecidos ligeramente

---

1. C. S. Lewis, *Cartas del diablo a su sobrino* (Madrid: Rialp,
2015), p. 13.

hacia arriba.[2] En lugar de celebrar su redención de la potestad de las tinieblas y de vivir a la luz de esa verdad, son indiferentes al combate. La última petición de Jesús nos recuerda que tenemos un combate diario contra los principados y las potestades: "Y no nos metas en tentación, mas líbranos del mal".

POR QUÉ NECESITAMOS ESTA PETICIÓN

El hecho de que Jesús nos inste a orar diariamente contra la tentación nos recuerda cuán predominante y peligroso puede ser el atractivo del pecado en la vida cristiana. Una vez más, los temas del reino y de la majestad de Dios ocupan un lugar central y protagónico. El pecado y la tentación son amos crueles. Como nos evoca la historia de Caín, el pecado no se conforma con jugar un papel secundario en nuestras vidas, sino que quiere "enseñorearse" de nosotros (Gn. 4:7). La petición de ser librados del pecado y la tentación es un clamor que solo nace del corazón de un ciudadano del reino de Dios. Deseamos someternos al gobierno y al reinado de Dios, no al dominio del pecado. Esta petición es de guerra espiritual; es pedir a Dios que venza el poder del pecado,

---

2. *Søren Kierkegaard's Journals & Papers*, eds. Howard V. Hong y Edna H. Hong, vol. 1, A–E (Bloomington, IN: Indiana University Press, 1967), p. 90.

de Satanás y de los demonios, a fin de que podamos vivir para su reino celestial.

Muchos cristianos se duermen en los laureles en asuntos de guerra espiritual.

Esta petición también nos recuerda otros puntos importantes. Primero, que los cristianos debemos reconocer que las tentaciones son una amenaza real y cotidiana para la comunión con Dios y la vida con Cristo. Lo más peligroso para un cristiano es creer que de algún modo es inmune a la tentación. De hecho, ignorar los peligros de la tentación deja entrever una grave malinterpretación del evangelio. En el evangelio llegamos a reconocer tanto la depravación de nuestros corazones como la libertad de la gracia de Dios en Cristo. Si llegamos a creer que de algún modo estamos exentos de la lucha contra la tentación, hemos sobrestimado nuestra propia condición espiritual y subestimado nuestra necesidad de la gracia de Dios.

Segundo, esta petición nos recuerda nuestra incapacidad para vencer la tentación en nuestras propias fuerzas. La mayoría de las personas saben por experiencia que nuestra fuerza de voluntad no es tan recia como desearíamos pensar. Cualquiera que ha luchado con mantener un plan de dieta sabe lo débiles que pueden ser nuestras intenciones. Aun cuando nos esforzamos por alcanzar nuestras metas por pura fuerza de voluntad, ¡descubrimos que tenemos poca voluntad para tener más fuerza de voluntad!

Sin embargo, el evangelio y esta petición del Padrenuestro apartan nuestra atención de nuestra propia fortaleza para dirigirnos a buscarla en la fortaleza de otro. Jesús no nos enseña a orar: "Señor, dame más fuerza de voluntad en la lucha contra el pecado". Él nos enseña a pedir su intervención como pastor para guiarnos y librarnos: "Y no nos metas en tentación, mas líbranos del mal". Estas palabras expresan un corazón de dependencia, no de autosuficiencia.

Sin ir más lejos, considera la palabra "líbranos". Es una palabra que expresa desesperación e incapacidad, no autosuficiencia. Jesús no nos enseña a orar para que Dios nos "ayude un poco" o nos "dé fuerza". No encontramos a Dios a mitad de camino para entonces pedirle que haga el resto. ¡Dios lo hace todo! Él es quien nos libra, nosotros somos quienes son librados. Él es el Salvador, nosotros los salvados. La Biblia no enseña que Dios dice "ayúdate que yo te ayudaré". Antes bien, Dios ayuda a quienes ya no pueden más en sus fuerzas. El evangelio nos enseña que solo por la gracia de Dios podemos verdaderamente vencer las tentaciones del mundo, la maldad de nuestros propios corazones y el poder del diablo.

Tercero, los cristianos debemos orar para perseverar en la lucha contra la tentación. Recuerda que Jesús nos da una oración modelo, lo cual significa que estos son *tipos* de peticiones que deberían caracterizar nuestra vida cotidiana de oración. Los cristianos deben elevar estas peticiones en oración y, de igual modo, orar por la gracia para vencer la tentación hasta la muerte.

¿NOS METE DIOS EN TENTACIÓN?

Esta petición suscita una pregunta muy importante: ¿nos mete Dios en tentación? Podría parecer que el Padrenuestro da a entender que hay ocasiones en las cuales Dios nos mete en tentación. Sin embargo, cuando dejamos que las Escrituras se interpreten a sí mismas, descubrimos que Dios no tienta a su pueblo. Por ejemplo, Santiago explicó que Dios no nos mete en tentación ni nos inclina a pecar: "Cuando alguno es tentado, no diga que es tentado de parte de Dios; porque Dios no puede ser tentado por el mal, ni él tienta a nadie" (Stg. 1:13).

Como Santiago explica con claridad, en Dios no existe ninguna clase de mal. El Señor no exige nuestra santidad y, al mismo tiempo, nos tienta a fracasar en el intento. Dios no se deleita en nuestro pecado. Él no está tratando de jugar cruelmente con nosotros. Él no nos empuja al borde del pecado para ver si caemos al abismo.

> *El Señor no exige nuestra santidad y, al mismo tiempo, nos tienta a fracasar en el intento.*

Por lo tanto, cuando Jesús ora "no nos metas en tentación", no le está pidiendo a Dios que actúe de manera contraria a su naturaleza, sino de manera consecuente con su santidad. Jesús le pide a Dios que lo aleje del mal y de los deseos de su propia carne. Sin embargo, también debemos reconocer que si bien Dios nunca nos *tienta*, puede que en ocasiones nos *pruebe* con el propósito de fortalecer nuestra fe. Santiago también escribió: "Hermanos míos, tened por sumo gozo cuando os halléis en diversas pruebas, sabiendo que la prueba de vuestra fe produce paciencia. Mas tenga la paciencia su obra completa, para que seáis perfectos y cabales, sin que os falte cosa alguna" (Stg. 1:2-4). De manera que Dios sí nos prueba, pero no busca tentarnos para que pequemos.

A veces podemos confundir las pruebas de Dios con las tentaciones, porque en ocasiones nuestro corazón usa las circunstancias difíciles como una excusa para la conducta pecaminosa. Una prueba es una circunstancia o situación difícil que Dios permite en nuestra vida. En cambio, una tentación es una invitación a pecar, es alentar a alguien a participar en algo que es contrario a la ley de Dios. Desde luego, Dios nos prueba, pero nunca nos tienta. Nunca debemos permitir que las pruebas de Dios lleven a la tentación. De hecho, en medio de las pruebas, debemos elevar esta oración con mayor urgencia y frecuencia que en cualquier otro momento de nuestra vida.

Esta petición expone varios puntos teológicos. Primero, debemos reconocer que las tentaciones son una amenaza real y constante para nuestra vida en Cristo. La cuestión no es *si* vamos a encontrar tentaciones, sino qué haremos con las tentaciones *cuando* las encontramos. Hasta que ocurra la consumación del reino, nuestro deseo de pecar seguirá manifestándose y tratará de incitarnos a actuar de una manera que afrenta al Señor.

Todos tenemos debilidades. El adversario aprovechará esas debilidades cada vez que tenga la oportunidad.

Segundo, debemos entender que no somos capaces de resistir la tentación en nuestras propias fuerzas. Esta oración insiste en el hecho de que aparte de Dios somos incapaces de resistir la tentación. Aparte de la obra santificadora de Dios por medio del Espíritu Santo, no podemos oponernos a las fuerzas espirituales que nos acusan.

Tercero, debemos orar por perseverancia en la batalla contra la tentación. Si Jesús nos enseña a orar contra la tentación de la misma forma que nos enseña a orar por nuestro pan "de cada día", debemos reconocer que la lucha contra el pecado perdurará toda la vida. Solo si rogamos a diario al Señor que nos dé la fortaleza para vencer la tentación, podremos perseverar hasta el fin.

Cuarto, debemos orar para que el Señor nos libre de nuestros propios patrones de tentación. Como la mayoría de nosotros reconocemos, cada cristiano tiene diferentes tendencias en lo que respecta a la tentación. Cuando oramos, debemos orar no solo contra la tentación en sentido general, sino contra las tentaciones específicas para nuestro caso y los pecados que nos seducen particularmente. Todos tenemos debilidades. El adversario aprovechará esas debilidades cada vez que tenga la oportunidad. Por eso necesitamos la mano de gracia del Señor que nos aparte de la tentación en todo momento.

ANATOMÍA DE LA TENTACIÓN

La tentación puede ser tanto interna como externa. Con respecto a la tentación interna, Santiago escribió: "sino que cada uno es tentado, cuando de su propia concupiscencia es atraído y seducido. Entonces la concupiscencia, después que ha concebido, da a luz el pecado; y el pecado, siendo consumado, da a luz la muerte" (Stg. 1:14-15).

Como deja claro este pasaje, la tentación nace del *interior* de nuestro corazón, cuando nos dejamos llevar por nuestros deseos. A menos que peleemos contra estos deseos pecaminosos, estas tentaciones internas se convierten en pecados visibles. El orgullo lleva a la arrogancia. La lascivia lleva a la inmoralidad sexual. En última instancia, todos estamos en guerra con nuestros propios deseos. Nuestro mayor enemigo, el pecado que mora en nuestro interior, está con nosotros todo el tiempo.

Por otro lado, las Escrituras también nos enseñan que las tentaciones también provienen del exterior. Mateo 4 nos presenta una de las descripciones más gráficas, cuando el diablo tentó a Jesús en el desierto. El diablo trató de tentar a Jesús para que pecara, presentándole oportunidades atractivas a cambio de adoración. La tentación externa se nos presenta de la misma manera. Satanás y sus demonios incitan a nuestra carne a seguir sus deseos pecaminosos.

En realidad, hay tentaciones por todas partes. El mundo nos envuelve en toda clase de tentaciones. De hecho, nuestra cultura considera que es antinatural resistir estas tentaciones. Sin embargo, las Escrituras requieren una respuesta clara y drástica frente a la tentación. Sirviéndose de una hipérbole, Jesús dijo a sus discípulos:

> Por tanto, si tu ojo derecho te es ocasión de caer, sácalo, y échalo de ti; pues mejor te es que se pierda uno de tus miembros, y no que todo tu cuerpo sea echado al infierno. Y si tu mano derecha te es ocasión de caer, córtala, y échala de ti; pues mejor te es que se pierda uno de tus miembros, y no que todo tu cuerpo sea echado al infierno (Mt. 5:29-30).

Los cristianos nunca deben entretener la tentación. Debemos rechazarla de manera radical y huir de ella. Lo que hace atractivo el pecado es la promesa centelleante de gozo y felicidad. Sin embargo, como enseña Jesús, debemos tener cuidado con las falsas promesas. El pecado solo puede cumplir la promesa del infierno. El hecho de que Jesús nos enseña a resistir la tentación en términos tan radicales evidencia su gran amor por nosotros. Más vale perder una mano en la batalla que perder nuestra alma cediendo a los placeres del pecado.

EL DIABLO ME OBLIGÓ A HACERLO... ¿DE VERAS?

Si bien se considera por lo general que la petición final del Padrenuestro es "líbranos del mal", la mayoría de los eruditos y las traducciones señalan que la traducción más acertada es probablemente "líbranos del *diablo*". En otras palabras, no se refiere al mal como una fuerza inanimada, sino como un ser personal: el diablo.

Muchos cristianos modernos se consideran demasiado sofisticados para temer al diablo. No obstante, Jesús nos enseña que nunca lograremos vencer la tentación plenamente a menos que reconozcamos que tenemos un adversario que conspira para destruir nuestra santidad personal. Satanás hace que el pecado se vea hermoso, cuando en realidad su verdadera apariencia es horrenda. Hace que lo malo parezca bueno, y que lo bueno parezca malo. Como señaló Pedro, "Sed sobrios, y velad; porque vuestro adversario el diablo, como león rugiente, anda alrededor buscando a quien devorar" (1 P. 5:8).

Jesús enseñó a sus discípulos
que la mejor arma contra la
tentación es la oración.

Puede que nunca logremos progresos contra la tentación hasta que entendamos nuestra necesidad de orar esta petición. Solo cuando reconocemos que nuestra lucha con el pecado no es solo interna sino externa, podremos atender con prontitud lo que dice Santiago 4:7: "Someteos, pues, a Dios; resistir al diablo, y huirá de vosotros".

Con la ayuda de Dios podemos vencer los avances de Satanás, porque el que está en nosotros es mayor que el que está en el mundo (1 Jn. 4:4). Las Escrituras enseñan claramente que Satanás no es una especie de dios antagónico que plantea un dualismo entre dos fuerzas igualmente poderosas de bien y de mal. Él es un ser creado que en nada iguala a Dios en sabiduría y poder. El libro de Apocalipsis deja en evidencia esta verdad.

Después hubo una gran batalla en el cielo: Miguel y sus ángeles luchaban contra el dragón; y luchaban el dragón y sus ángeles; pero no prevalecieron, ni se halló ya lugar para ellos en el cielo. Y fue lanzado fuera el gran dragón, la serpiente antigua, que se llama diablo y Satanás, el cual engaña al mundo entero; fue arrojado a la tierra, y sus ángeles fueron arrojados con él. Entonces oí una gran voz en el cielo, que decía: Ahora ha venido la salvación, el poder, y el reino de nuestro Dios, y la autoridad de su Cristo; porque ha sido

lanzado fuera el acusador de nuestros hermanos, el que los acusaba delante de nuestro Dios
día y noche (12:7-10).

El fin de Satanás es seguro. El Hijo prometido
ya ha aplastado la cabeza de la serpiente. Desafor-
tunadamente, esta serpiente todavía tiene colmi-
llos y toma prisioneros. Pero en el día postrero su
destrucción será definitiva y completa. Como dijo
Lutero en su famoso himno: "Castillo fuerte es
nuestro Dios", "pues condenado es ya [Satanás] por
la Palabra santa". Mientras aguardamos aquel día,
los cristianos no debemos olvidar reconocer nuestra necesidad constante de ser librados del maligno.
Necesitamos orar para no fallar. Jesús enseñó a sus
discípulos que la mejor arma contra la tentación es
la oración. Cuando no oramos fielmente, nuestras
defensas son escasas y damos lugar al tentador. La
falta de oración es campo fértil para las semillas de
tentación de Satanás.

LA BATALLA CONTRA LOS PODERES DE TINIEBLAS EN LA VIDA DE LA IGLESIA

Como señaló Pablo, cuando somos librados de las
garras de Satanás, somos trasladados de la potestad de las tinieblas al reino del amado hijo de Dios
(Col. 1:13). Sin embargo, debes notar que somos

trasladados a un reino, un reino que se hace visible a través de las congregaciones locales que se reúnen en el nombre del Señor para compartir la vida y la obra del ministerio. Por eso Jesús nos enseña a orar en plural: *"líbranos del mal"*. Cada iglesia cristiana debería ser un ministerio de liberación. Los cristianos están en esta misión juntos. No podemos ser fieles a nivel individual si no somos fieles a nivel colectivo. A este respecto, el autor de Hebreos comprendió la importancia de la comunidad cristiana:

> Mantengamos firme, sin fluctuar, la profesión de nuestra esperanza, porque fiel es el que prometió. Y considerémonos unos a otros para estimularnos al amor y a las buenas obras; no dejando de congregarnos, como algunos tienen por costumbre, sino exhortándonos; y tanto más, cuanto veis que aquel día se acerca (He. 10:23-25).

Parte de la protección contra el pecado que el Señor nos ha dado es permanecer juntos. Juntos oímos la Palabra de Dios, oramos, cantamos, tomamos la cena del Señor, celebramos el bautismo y rendimos cuentas mutuamente. El Señor usa la iglesia local conformada por cristianos que caminan en santidad para guardar a su pueblo de la tentación, del pecado y del poder del maligno.

CONCLUSIÓN

Después de aquella terrible experiencia en el campamento en los Everglades, nunca volví con la misma actitud a ese lugar. Sí, todavía jugaba en los campos de palma, pero con mis ojos bien abiertos a los peligros que acechaban entre los arbustos. De igual modo, los cristianos deben reconocer el peligro espiritual que nos rodea.

La tentación es algo que sucede a individuos, iglesias e instituciones. Conocemos el poder de la tentación por los libros de historia, al igual que por una mirada en el espejo. Si somos sinceros con nosotros mismos, no estamos a la altura. Pero Jesús nos enseña que podemos ser libres del pecado y de la tentación por medio de la gracia y la misericordia de Dios, y esta es la razón por la cual debemos elevar continuamente esta oración de liberación.

En nuestra carne somos débiles y debemos orar para pedir que Dios nos proteja del mal. Como nos recuerda el famoso himno: "Al Rey adorad": "Muy frágiles son los hombres aquí, mas por tu bondad confiamos en ti. Tu misericordia aceptamos, Defensor y Creador nuestro, Amigo fiel y Redentor".

EPÍLOGO

TUYO ES EL REINO

MATEO 6:13

Muchos cristianos que repiten semanalmente el Padrenuestro en los cultos de las iglesias, o que recuerdan una versión que memorizaron en la infancia, recitan las palabras finales que no aparecen en las traducciones modernas: "porque tuyo es el reino, y el poder, y la gloria, por todos los siglos. Amén". La razón por la cual estas palabras no aparecen en las traducciones modernas como la Nueva Versión Internacional, entre otras, es que probablemente no aparecían en la copia original de Mateo. A raíz del estudio de los manuscritos antiguos, los eruditos creen ahora con alguna certeza que estas palabras pudieron ser una adición posterior al Padrenuestro.

Puesto que el Padrenuestro pareciera tener un final más bien abrupto, los cristianos de la iglesia primitiva añadieron la doxología al final de la oración para dar a Dios la última palabra de alabanza en las reuniones de adoración colectiva.

¿Es acertado o no el uso de estas palabras en el Padrenuestro? Ciertamente es un error pasar por alto la evidencia textual y sostener que estas palabras son bíblicas y parte del Evangelio de Mateo. Nunca debemos afirmar que algo que no quiso decir el autor es parte de las Escrituras. Al mismo tiempo, no está mal recitar la oración del Padrenuestro con la doxología del final, o beneficiarse de esta tradición, siempre y cuando entendamos que las palabras no son Escrituras. Las razones para hacer esto son múltiples.

Primero, las doxologías aparecen a todo lo largo de las Escrituras. De hecho, una de las doxologías del Antiguo Testamento parece casi idéntica a la doxología tradicional que se incorporó al Padrenuestro: "Tuya es, oh Jehová, la magnificencia y el poder, la gloria, la victoria y el honor; porque todas las cosas que están en los cielos y en la tierra son tuyas. Tuyo, oh Jehová, es el reino, y tú eres excelso sobre todos" (1 Cr. 29:11).

Asimismo, los salmos proveen múltiples ejemplos de oraciones que empiezan como una súplica y terminan en doxología. Y esta tradición de concluir las oraciones con doxologías continuó en la iglesia primitiva. Uno de los documentos más antiguos cristianos por fuera del texto del Nuevo Testamento, *La Didaché*, un tratado del primer siglo, incluye una versión del Padrenuestro con esta misma doxología. En resumen, las doxologías son parte de la adoración de la Palabra de Dios y ocupan un lugar único en el desarrollo del culto. Como observó J. I. Packer,

> Hay doxologías (es decir, alabanzas a Dios por su gloria) en toda la Biblia... la devoción y la oración personales conducen y se animan la una a la otra. La necesidad expuesta y la respuesta recibida a la necesidad son sus respectivos móviles, y la alabanza por lo que Dios es y por lo que constituye la base firme de la esperanza en lo que Él puede hacer y hará... De modo que entre más se ora, más motivos se tienen para alabar[1].

Segundo, las doxologías son una respuesta apropiada frente a los propósitos de salvación de Dios y frente a su gloria. Como he intentado exponer en este libro, el Padrenuestro expresa claramente la gloria de Dios y el evangelio de la gracia. Revela la venida del reino de Cristo, el perdón que el Rey ha provisto, su provisión diaria y el cuidado por su pueblo, y cómo

1. Packer, *Praying the Lord's Prayer*, p. 106.

lo libra de los poderes de esta era. A la luz de estas verdades, los cristianos deben responder con una efusiva alabanza. La oración que verdaderamente refleja el corazón de Dios no puede separarse de una respuesta de alabanza. De nuevo, como explicó Packer, "la oración y la alabanza son como las dos alas de un pájaro: cuando las dos funcionan, te elevas; cuando solo una opera, te quedas en tierra. Así como las aves no deben quedarse en tierra, los cristianos no deben quedarse sin alabanza".[2]

Tercero, la teología de la doxología tradicional es particularmente acertada en el contenido del Padrenuestro. Los elementos del "reino", el "poder" y la "gloria" se encuentran a lo largo del Padrenuestro. En el comienzo de la oración, Jesús nos enseñó a orar porque venga el reino de Dios. La oración también revela el poder de Dios al mostrarnos que Él es Rey, Proveedor, Salvador y Libertador. Por último, nos muestra su gloria al revelarse como nuestro Padre *en los cielos* cuyo nombre mismo debe ser *santificado* en toda la tierra. La doxología tradicional nos recuerda al final de la oración que el reino en efecto vendrá, porque pertenece al Dios de toda gloria y poder. En verdad, la doxología sintetiza perfectamente el carácter de Dios como ha sido revelado en el Padrenuestro, y lo hace en actitud de alabanza.

2. Ibíd.

EXHORTACIÓN FINAL

Cada generación de cristianos debe aprender a pedir como los discípulos: "Señor, enséñanos a orar". Cada generación de cristianos debe recordar también que la respuesta de Jesús a esa pregunta para el día de hoy es la misma que hace dos mil años. Si deseamos que el Señor en persona nos enseñe a orar, debemos buscar su instrucción en el Padrenuestro. Como ha mostrado este libro, cada petición encierra una lección de teología. Ninguna palabra que pronunció Jesús es casual, y esto es particularmente cierto del Padrenuestro. Esta oración revolucionó al mundo. Esta oración es peligrosa, pues desbarata el reinado de los principados y potestades de este mundo. Esta oración está llena de esperanza, porque espera la venida del reino de Dios en plenitud, con Cristo sobre el trono. Esta oración es compasiva, porque nos enseña a clamar a Dios nuestro Padre y a depender de Él para recibir cada alimento que necesitamos. Esta oración es reverente, porque nos muestra que nada es más sagrado que el nombre de Dios. Esta oración es una buena noticia, porque nos recuerda a todos que Dios perdona el pecado y que nos libra de los poderes de las tinieblas.

En una era caracterizada por la superstición y la superficialidad, el Padrenuestro es una guía del verdadero culto bíblico y de la adoración con una sólida base teológica. Entre tanto que los cristianos aguardamos la venida del reino de Dios en toda su plenitud, volvamos continuamente a estas palabras, pidiendo con un corazón humilde: "Señor, enséñanos a orar". Por último, quiero retomar el consejo de Martín Lutero para su peluquero. Desde los días del Antiguo Testamento, el pueblo de Dios ha terminado sus oraciones con un "amén". ¿Por qué? La palabra indica acuerdo y afirmación, pero en realidad significa mucho más. Como dijo Lutero al señor Peter, el peluquero:

> Por último, fíjate de terminar siempre con un rotundo "amén", lleno de convicción. Dios sin duda te escucha con toda gracia y asiente a tu oración. No pienses que estás allí solo, porque toda la cristiandad, todos los cristianos íntegros, están contigo y tú entre ellos en oración unánime y armoniosa, la cual Dios no despreciará. Y no concluyas la oración sin antes pensar: "Muy bien, Dios ha oído mi oración, y en verdad lo sé con certeza, porque eso es lo que significa *amén*".

Nunca elevamos esta oración solos, sino junto con todos los demás creyentes, y nunca tenemos que preguntarnos si esta oración es agradable a Dios. ¡Cristo mismo nos la ha dado! Y sí, sabemos que Dios ha oído nuestra oración cuando oramos *así*.

Esto es lo que realmente significa *amén*. Y no hay un modo más perfecto de terminar nuestro estudio del Padrenuestro, la oración que revolucionó al mundo, que diciendo *amén*.

AGRADECIMIENTOS

La gratitud es un mandato para el cristiano, y los cristianos más sinceros son los más agradecidos. Estoy sinceramente agradecido con las muchas personas que fueron de gran ayuda para mí, especialmente durante la redacción y la preparación de este volumen.

Entre ellas, dos grupos de estudiantes que sirvieron como pasantes en mi oficina. Ellos representan lo mejor que puede tener una escuela: Cheston Pickard, Tyler Kirkpatrick, Zach Carter, Joshua Easter, Troy Solava, Mitchell Holley, Ryan Modisette, Cory Higdon, Bruno Sanchez, David Lee y Ryan Loague.

Jon Swan, mi bibliotecario personal, una ayuda siempre increíble. Lo aprecio profundamente y estoy agradecido por sus magníficas capacidades organizativas y sus ideas.

Tom Hellams y Jon Austin hacen que todo funcione sobre ruedas en mi oficina y son colegas por quienes estoy muy agradecido. Colin Smothers, productor de *The Briefing* durante este período, siempre estuvo dispuesto a brindar sus reflexiones y conocimientos.

Antes que nadie en el equipo, quiero agradecer a Sam Emadi, ahora Sam Emadi PhD, por su pericia y compromiso como director de investigación. Su mente acuciosa y su corazón dispuesto son un gran regalo para todos nosotros, de lo cual yo en particular soy deudor.

El equipo editorial de Thomas Nelson, dirigido por Webb Younce, son profesionales maravillosos cuya asistencia a los escritores y su experiencia en la publicación son un gran regalo.

Por último, quiero agradecer a mi esposa, Mary, que nunca ha dejado de ser sabia, amorosa, solidaria, animadora, inspiradora y bondadosa, no solo para este proyecto y todo lo que he hecho, sino conmigo. Decirte gracias no es suficiente, pero al menos es un buen comienzo.

Gratitud al principio, gratitud al final y gratitud a todo lo largo del camino. Gracias, querido lector, por ser partícipe de esta gratitud juntamente conmigo.

ACERCA DEL AUTOR

R. Albert Mohler, Jr. es presidente del Southern
Baptist Theological Seminary y profesor de teología
cristiana. Las revistas *Time* y *Christianity Today* lo
consideran un líder entre los evangélicos estadounidenses. Al doctor Mohler se le puede escuchar
en su podcast diario *The Briefing*, donde analiza
noticias y acontecimientos desde una perspectiva
cristiana. También escribe un popular comentario
en albertmohler.com, donde aborda temas morales,
culturales y teológicos. Él y su familia viven en
Louisville, Kentucky.

EDITORIAL
PORTAVOZ

NUESTRA VISIÓN

Maximizar el efecto de recursos cristianos de calidad que transforman vidas.

NUESTRA MISIÓN

Desarrollar y distribuir productos de calidad —con integridad y excelencia—, desde una perspectiva bíblica y confiable, que animen a las personas a conocer y servir a Jesucristo.

NUESTROS VALORES

Nuestros valores se encuentran fundamentados en la Biblia, fuente de toda verdad para hoy y para siempre. Nosotros ponemos en práctica estas verdades bíblicas como fundamento para las decisiones, normas y productos de nuestra compañía.

Valoramos la excelencia y la calidad.
Valoramos la integridad y la confianza.
Valoramos el mérito y la dignidad de los individuos y las relaciones.
Valoramos el servicio.
Valoramos la administración de los recursos.

Para más información acerca de nuestra editorial y los productos que publicamos visite nuestra página en la red: www.portavoz.com.